电网企业输变电工程结算审查标准化作业指导书

国网浙江省电力有限公司经济技术研究院　组织编写

江学斌　斯江峰　主　编

中国建筑工业出版社

图书在版编目（CIP）数据

电网企业输变电工程结算审查标准化作业指导书/
国网浙江省电力有限公司经济技术研究院组织编写；江
学斌，斯江峰主编. —北京：中国建筑工业出版社，
2024.5
　ISBN 978-7-112-29778-8

Ⅰ.①电…　Ⅱ.①国…②江…③斯…　Ⅲ.①电力工
业－工业企业－输电－电力工程－结算②电力工业－工业
企业－输电－电力工程－审计③电力工业－工业企业－变
电所－电力工程－结算④电力工业－工业企业－变电所－
电力工程－审计　Ⅳ.①F239.62

中国国家版本馆 CIP 数据核字（2024）第 082985 号

　　本书是一本专注于电力工程结算领域的实用指南。本书紧密依托国家电网有限公司的
"六精四化"管理体系，全面涵盖电力工程结算的各个方面，旨在提升结算审查质效，助力
电网建设高质量发展。本书依据国家和电网现行的标准、规范编制，系统介绍了电力工程
结算审查的基本概念、原则，以及工作流程、工作要求等，全面梳理了变电工程、架空线
路工程和电缆输电线路工程结算审查的要点，并探讨了新型技术在结算审查中的应用。通
过翔实的内容介绍和操作指南，读者将深入了解电力工程结算审查的流程与核心要点，提
高结算作业的专业水平，以更好地应对复杂多变的工程实际情况。

　　本书是供（国网）电力工程结算人员使用的工具书，也适用于业界相关人员（如工程
师、项目经理、结算员等），以及电力工程相关专业的学生和研究人员。

　　责任编辑：徐仲莉　王砾瑶
　　责任校对：赵　力

电网企业输变电工程结算审查标准化作业指导书
国网浙江省电力有限公司经济技术研究院　　组织编写
江学斌　斯江峰　　主　编
*
中国建筑工业出版社出版、发行（北京海淀三里河路9号）
各地新华书店、建筑书店经销
北京龙达新润科技有限公司制版
建工社（河北）印刷有限公司印刷
*
开本：787毫米×1092毫米　1/16　印张：9¼　字数：229千字
2024年6月第一版　　2024年6月第一次印刷
定价：**48.00** 元
ISBN 978-7-112-29778-8
（42898）

《电网企业输变电工程结算审查标准化作业指导书》
编写委员会

组织编写：国网浙江省电力有限公司经济技术研究院

主　　编：江学斌　　斯江峰

副 主 编：薛少华　　夏华丽　　汪　景　　李靖飞　　徐振超

编 写 组：章琳琳　　任　清　　范殷伟　　丘　凌　　刘序卿

　　　　　冯浩然　　陈茂迁　　童　军　　赵铁林　　柳雨晴

　　　　　朱婷涵　　胡锡燎　　张青云　　殷永亮　　石梦兰

　　　　　齐磊磊　　刘　勇

目 录

第 **1** 章

总　则

1.1　术语

1. 工程造价

工程项目在建设期预计或实际支出的建设费用。

2. 建设预算

以具体的建设工程项目为对象，依据不同阶段设计，根据《电网工程建设预算编制与计算规定（2018 年版）》及相关的估算指标、概算定额、预算定额等计价依据，对工程各项费用的预测和计算。投资估算、初步设计概算和施工图预算统称为建设预算。

3. 建设项目

按一个总体规划或设计进行建设的，由一个或若干个互有内在联系的单项工程组成的工程总和。

4. 项目划分

根据功能、用途、结构等要素将工程项目划分为单项工程、单位工程和分部工程的过程。

5. 单项工程

具有独立的设计文件，建成后能够独立发挥生产能力或使用功能的工程项目。

6. 单位工程

具有独立的设计文件，能够独立组织施工，但不能独立发挥生产能力或使用功能的工程项目，是单项工程的组成部分。

7. 分部工程

单位工程的组成部分，系按结构部位、路径长度及施工特点或施工任务将单位工程划分为若干个项目单元。

8. 分项工程

分部工程的组成部分，系按不同施工方法、材料、工序及路径长度等将分部工程划分为若干个项目单元。

9. 措施项目

为完成工程项目施工，发生于该工程施工准备和施工过程中的技术、生活、安全、环境保护等方面的非工程实体项目。

10. 项目特征

构成分部分项工程项目、措施项目自身价值的本质特征。

11. 工程造价咨询企业

具备工程造价咨询业务范围，接受委托从事建设工程造价咨询活动的企业。

12. 国家法律法规

法律法规，作为结算工作依据的基础，具体包括《中华人民共和国民法典》《中华人民共和国招标投标法》《中华人民共和国建筑法》《建设工程价款结算暂行办法》《建筑工程施工发包与承包计价管理办法》等。

13. 公司管理制度

公司管理制度，是指国家电网有限公司有关工程结算管理方面的管理制度、文件及办法。

14. 规程规范

规程规范，是指导结算造价成果文件编制和审查的标准。

15. 工程定额

工程定额，是直接用于工程计价的定额或指标。

16. 价格信息

价格信息，是用于价格水平的动态调整和计算，如实反映不同地区、不同时间市场价格水平的信息。

17. 工程量清单

载明输变电工程的分部分项工程项目、措施项目及其他项目的名称、数量，以及规费和税金项目等内容的明细清单。

18. 招标工程量清单

招标人依据国家标准、行业标准、招标文件、设计文件及施工现场实际情况编制的，随招标文件发布，供投标报价的工程量清单。

19. 全费用综合单价

完成一个合同约定目标的工程量清单项目所需的人工费、材料费（不含甲供材）、施工机具使用费和措施费、企业管理费、规费、利润及增值税。

20. 分部分项工程费

工程量清单计价中，各分部分项工程所需的直接费、企业管理费、利润和风险费的总和。

21. 措施项目费

实施措施项目所发生的费用。

22. 其他项目费

工程量清单计价中，除分部分项工程费和措施项目费、规费、税金之外的其他工程费用。包括暂列金额、暂估价、计日工、施工总承包服务费、招标人采购设备材料卸车保管费、拆除工程费、余物清理费等。

23. 暂列金额

招标人在工程量清单中暂定并包括在合同价款中的一笔款项。用于工程合同签订时尚未确定或者不可预见的所需材料、工程设备、服务的采购，施工中可能发生的工程变更、合同约定调整因素出现时的合同价款调整以及发生的索赔、现场签证确认等的费用。

24. 暂估价

招标人在工程量清单中提供的用于支付必然发生但暂时不能确定价格的材料、工程设备的单价以及专业工程的金额。

25. 计日工费用

在施工过程中，承包人完成发包人提出的施工图纸以外的零星项目或工作，按合同中约定的单价计价的一种方式。

26. 施工总承包服务费

施工总承包人为配合协调发包人进行的专业工程发包以及施工现场管理、竣工资料汇总整理等服务所需的费用。

27. 工程量偏差

承包人依据合同工程的图纸实施，按照规定的工程量计算规则计算得到的完成合同工程项目应予计量的工程量与相关的招标工程量清单项目列出的工程量之间的量差。

28. 最高投标限价

招标人根据国家或电力行业主管部门及公司颁发的有关计价依据和办法，以及拟订的招标文件，并结合工程具体情况编制的招标工程的最高限价。

29. 已标价工程量清单

构成合同文件组成部分的投标文件中已标明价格，经算术性错误修正（如有）且承包人已确认的工程量清单。

30. 签约合同价

签订合同时合同协议书中写明的合同金额，包括暂列金额、暂估价的合同总金额。

31. 合同价格

承包人按合同约定完成包括缺陷责任期内的全部承包工作后，发包人付给承包人的金额，包括在履行合同过程中按合同约定进行的变更和调整。

32. 报价折扣

招标投标工程中，投标价与最高投标限价的比率，是计算投标人报价浮动率的基础。

33. 合同价款调整

在合同价款调整因素出现后，发承包双方根据合同约定，对合同价款进行变动的提出、计算和确认。

34. 工程预付款

由发包人按照合同约定，在正式开工前由发包人预先支付给承包人，用于购买工程施工所需的材料及组织施工机械和人员进场的价款。

35. 工程进度款

在合同工程施工过程中，发包人按照合同约定对付款周期内承包人完成的合同价款给予支付的款项，也是合同价款期中结算支付。

36. 工程计量

发承包双方根据合同约定，对承包人完成合同工程的数量进行的计算和确认。

37. 工程变更

合同工程实施过程中由发包人提出或承包人提出经发包人批准的合同工程任何一项工作的增、减、取消或施工工艺、顺序、时间的改变，设计图纸的修改，施工条件的改变，招标工程量清单的错、漏，从而引起合同条件的改变或工程量的增减变化。

38. 设计变更

工程实施过程中因设计或非设计原因引起的对施工图设计文件的改变。设计变更包括一般设计变更和重大设计变更。

39. 现场签证

在施工过程中除设计变更外，其他涉及工程量增减、合同内容变更以及合同约定发承包双方需确认事项的签认证明。现场签证包括一般签证和重大签证。

40. 工程索赔

工程承包合同履行中，当事人一方因非己方的原因而遭受经济损失或工期延误，按照合同约定或法律规定，由对方承担责任，而向对方提出工期和（或）费用补偿要求的行为。

41. 工程结算送审报告

承包人报送给发包人审核的工程结算文件。

42. 竣工结算审核

根据工程合同和电力行业工程竣工结算规定，为保证工程价款的及时拨付，项目法人单位或建设管理单位组织工程造价专业人员或委托具有相关资质的工程造价咨询机构，依据工程建设资料，进行工程量计算、核定，对工程竣工结算文件进行汇总、审核和确认的活动。

43. 工程结算审核报告

对承包人递交的工程结算送审报告进行工程量、价的计算、核定，编制形成的工程结算审核文件。

44. 工程结算审核定案表

工程结算审核报告中反映工程基本信息、送审金额、审定金额、调整金额等内容，经发包人、承包人、工程造价咨询人（如有）等相关方签署确认的表格。

45. 工程结算审核对比表

工程结算审核报告中反映审定成果与送审报告在工程量、单价、合价、总价等内容增减变化的汇总、明细对比表格。

46. 输变电工程结算报告

在工程竣工投运后，依据国家及行业有关法律法规、相关规范规定和合同约定，对输变电工程投资全口径费用项目进行价款确定，编制形成符合工程实际的工程竣工结算成果性文件。

47. 竣工结算

建设工程项目完工交付之后，由项目建设管理单位根据有关规定，编制综合反映建设项目从筹建到竣工投产为止的全部建设费用、建设成果和财务状况总结性文件的过程。

48. 工程审计

检查工程会计凭证、会计账簿、会计报表以及其他与财务收支有关的资料和资产，监督财务收支真实、合法和效益的行为。

1.2　总体要求

按照国家、行业和国家电网有限公司的相关规程、规范、规定，遵循"合法、平等、诚信、及时、准确"的原则，依据合同约定，开展输变电工程结算审查工作，确保输变电工程结算工作满足精准性、及时性、规范性、有效性的要求。

1.3　结算审查相关规定、文件

1.3.1　法律法规

国家法律法规主要包括：《中华人民共和国民法典》《中华人民共和国招标投标法》《中华人民共和国建筑法》《建设工程价款结算暂行办法》《建筑工程施工发包与承包计价管理办法》等。

1.3.2　标准规范

行业标准主要包括：《建设工程工程量清单计价规范》GB 50500—2013、《房屋建筑与装饰工程工程量计算规范》GB 50854—2013、《通用安装工程工程量计算规范》GB 50856—2013、《市政工程工程量计算规范》GB 50857—2013、《构筑物工程工程量计算规范》GB 50860—2013、《电力建设工程工程量清单计算规范 输电线路工程》DL/T 5205—2021、《电力建设工程工程量清单计算规范 变电工程》DL/T 5341—2021、《电力建设工程工程量清单计价规范》DL/T 5745—2021 等。

工程定额主要包括：《电网工程建设预算编制与计算规定（2018 年版）》；《电力建设工程概算定额（2018 年版）第一册 建筑工程》、《电力建设工程概算定额（2018 年版）第二册 热力设备安装工程》、《电力建设工程概算定额（2018 年版）第三册 电气设备安装工程》、《电力建设工程概算定额（2018 年版）第四册 调试工程》；《电力建设工程预算定额（2018 年版）第一册 建筑工程》《电力建设工程预算定额（2018 年版）第二册 热力设备安装工程》《电力建设工程预算定额（2018 年版）第三册 电气设备安装工程》《电力建设工程预算定额（2018 年版）第四册 架空输电线路工程》《电力建设工程预算定额（2018 年版）第五册 电缆输电线路工程》《电力建设工程预算定额（2018 年版）第六册 调试工程》《电力建设工程预算定额（2018 年版）第七册 通信工程》《电力建设工程预算定额（2018 年版）第八册 加工配制品》（以下简称《电力建设工程预算定额（2018 年版）》）；《电网技术改造工程预算定额（2020 年版）第一册 建筑工程》《电网技术改造工程预算定额（2020 年版）第二册 电气工程》《电网技术改造工程预算定额（2020 年版）第三册 架空线路工程》《电网技术改造工程预算定额（2020 年版）第四册 电缆线路工程》《电网技术改造工程预算定额（2020 年版）第五册 调试工程》《电网技术改造工程预算定额（2020 年版）第六册 通信工程》（以下简称《电网技术改造工程预算定额（2020 年版）》）；《电网拆除工程预算定额（2020 年版）第一册 建筑工程》《电网拆除工程预算定额（2020 年版）第二册 电气工程》《电网拆除工程预算定额（2020 年版）第三册 架空线路工程》《电网拆除工程预算定额（2020 年版）第四册 电缆线路工程》《电网拆除工程预算定额（2020 年版）第五册 通信工程》（以下简称《电网拆除工程预算定额（2020 年版）》）；《西藏地区电网工程定额和费用计算规定（2023 年版）》；《20kV 及以下配电网工程定额和费用计算规定（2022 年版）》等。

价格信息主要包括：《2018 年版电力建设工程概预算定额价格水平调整办法》《电力建设工程装置性材料综合预算价格（2018 年版）》《电力建设工程常用设备材料价格信息（2022 年）》及国家或省、自治区、直辖市建设行政管理部门或其授权的工程造价管理机构发布的有关价格信息等。

1.3.3 国家电网有限公司相关管理制度

国家电网有限公司管理制度主要包括：《国家电网公司关于印发加强输变电工程其他费用管理意见的通知》《国网基建部关于印发输变电工程三维设计评审管理指导意见的通知》《国家电网公司基建技经管理规定》《国家电网公司输变电工程设计变更与现场签证管理办法》《输变电工程结算报告编制规定》Q/GDW 11874—2018、《国网基建部关于加强输变电工程分部结算管理的实施意见》《国家电网有限公司关于进一步加强输变电工程结算精益化管理的指导意见》《输变电工程造价管理标准化工作大纲（试行）》《国家电网有限公司关于加强输变电工程现场造价标准化管理的意见》《国网基建部关于印发输变电工程概算预算结算计价依据差异条款统一意见（2019 年版）的通知》《国网基建部关于印发基建技经管理风险防控规范性控制表（2019 年版）的通知》《国网基建部关于进一步加强输变电工程造价精准管控的意见》《国家电网公司输变电工程结算管理办法》《国家电网有限公司关于保障输变电工程建设农民工工资支付的通知》《国家电网有限公司关于加强输变电工程设备材料质量检测工作的通知》《国网基建部关于加强输变电工程设计施工结算"三量"核查的意见》《国家电网有限公司输变电工程初步设计审批管理办法》《国家电网有限公司关于印发电网工程造价标准体系表（2021 版）的通知》等。

第**2**章

结算审查组织机构及职责分工

2.1 省级电网公司建设部

省级电网公司建设部（以下简称"省公司建设部"）是输变电工程结算审查工作的归口管理部门。主要职责包括：

（1）贯彻落实国家电网有限公司工程结算管理有关要求，负责所辖工程结算管理工作，审查批准工程结算。

（2）负责配合国家电网有限公司基建部开展工程造价管理监督检查工作。

（3）负责指导、检查、考核建设管理单位分部结算、现场造价管理、工程结算等工作。

（4）负责编制省级电网公司月度结算报告、季度结算通报。

（5）负责组织开展所辖输变电工程造价分析工作。

（6）开展造价咨询单位质量考评。

2.2 地市级电网公司建设管理单位

地市级电网公司建设管理单位（以下简称"建设管理单位"）负责所辖业务范围内输变电工程结算工作。主要职责包括：

（1）贯彻执行上级工程结算有关规定。

（2）负责起草相关合同条款。

（3）具体负责工程结算日常工作，开展工程量管理、设计变更管理、进度款支付管理、农民工工资支付管理、分部结算和竣工结算等工作，对承包人递交的工程结算文件进行审查，编制和上报工程结算。

（4）负责汇总工程可行性研究、环境保护、材料、设备、建设贷款利息等相关管理部门归口工程费用结算资料。

（5）负责工程结算资料的归档工作。

（6）配合开展工程造价管理监督检查工作。

（7）配合开展输变电工程造价分析工作。

（8）开展造价咨询单位质量考评。

2.3　省级电网公司经济技术研究院

省级电网公司经济技术研究院（以下简称"省经研院"）受省公司建设部委托承担输变电工程结算审查的具体工作。主要职责包括：

（1）合理安排输变电工程结算审查团队，根据省公司建设部输变电工程月度结算计划开展结算审查工作，出具《竣工结算审查意见》。

（2）协助省公司建设部编制月度结算报告、季度结算通报。

（3）配合开展工程造价管理监督检查工作。

（4）协助省公司建设部开展全省年度结算监督检查，包括建设管理单位结算检查、分部结算实施情况检查、造价管理标准化建设（现场造价标准化）检查。

（5）配合开展输变电工程造价分析工作。

（6）开展造价咨询单位质量考评。

第**3**章

结算计划管理

输变电工程结算工作实施计划管理，包括年度结算计划管理和月度结算计划管理。

3.1 年度结算计划管理

3.1.1 年度竣工结算计划管理

省公司建设部结合公司次年输变电工程投产计划，于每年 12 月底前组织编制次年输变电工程结算计划预安排，并报送至国家电网有限公司基建部。

3.1.2 年度分部结算计划管理

省公司建设部结合公司次年电网建设进度计划，于每年 12 月底前组织编制次年输变电工程分部结算计划预安排，并下发至各地市级电网公司建设管理单位征求意见。

建设管理单位根据次年分部结算计划，对照次年电网建设进度计划安排，核实项目信息、填报分部结算计划完成时间，并反馈至省公司建设部。

省公司建设部审定、发布次年在建输变电工程分部结算计划。

3.2 月度结算计划管理

3.2.1 月度竣工结算计划管理

省公司建设部结合输变电工程投产时间及国家电网有限公司规定的结算考核期限，并进一步提升结算效率，设置内控时间节点，下达月度输变电工程结算计划及月度投产工程竣工结算预控计划，明确输变电工程竣工结算上报、审查、批复等各节点时间。

建设管理单位根据月度输变电工程竣工结算计划，组织完成竣工结算资料审查及资料提交等工作，并提交《输变电工程结算工作进度情况说明》，以此作为结算审查安排的前置条件。未及时报送进度情况说明影响结算审查、工程结算资料不齐备（不具备审查条件）视为结算未按期完成。

省经研院收到结算资料后开展预审工作，确认工程是否具备结算审查条件，对存在结算定案表未签字盖章、提交结算资料不齐全、结算资料弄虚作假、重大争议问题未解决等情况的工程予以退回，建设管理单位重新提交结算材料。预审被退回的工程延迟至次周进行重新预审，被退回两次及以上的工程当月不予以安排结算审查。对于预审已通过的工程，省经研院将统筹安排结算审查会议召开时间并下发通知，明确审查方式、时间、地点。

3.2.2　月度分部结算计划管理

建设管理单位根据年度输变电工程分部结算计划及工程实际建设进度，组织完成分部结算资料审查及资料提交等工作。分部结算实施过程中，因现场实际进度等外部因素造成分部结算实际节点滞后时，应在原定的分部结算计划完成时间30日前，提交延期申请（盖章版）。

省经研院根据年度输变电工程分部结算计划及工程实施进度，编制月度分部结算审查计划，下发月度分部结算审查会议通知，明确审查方式、时间、地点。

第**4**章

结算审查工作流程

4.1 竣工结算审查工作流程

4.1.1 施工等结算送审

220kV 及以上输变电工程竣工验收后 15 日内，110kV 及以下输变电工程竣工验收后 10 日内，施工、设计、监理等单位及物资、发展等相关管理部门编制完成相应的工程结算文件，并提交业主项目部。

物资管理部门向业主项目部提供设备材料台账等物资采购资料。由发展、设备、科技、财务等相关管理部门向业主项目部提供可行性研究、生产准备、环境影响评估及建设贷款利息等费用结算资料。

属地单位编制完成属地政策处理费、"三通一平"费用等结算文件，并提交业主项目部。

4.1.2 建设管理单位审查、上报

220kV 及以上输变电工程竣工验收后 60 日内，110kV 及以下输变电工程竣工验收后 30 日内，建设管理单位完成施工等结算文件审查、结算定案表签字盖章、工程结算审查报告编制、结算报告编制、结算资料（包括但不限于附录 A 表 A.1 中的"预审阶段必传资料"清单）提交。

4.1.3 省经研院结算审查

220kV 及以上输变电工程竣工验收后 62 日内，110kV 及以下输变电工程竣工验收后 32 日内，省经研院完成资料预审。

220kV 及以上输变电工程竣工验收后 65 日内，110kV 及以下输变电工程竣工验收后 35 日内，省经研院完成结算资料审查、结算底稿编制（竣工结算审查工作底稿格式详见 A.2）。

4.1.4 建设管理单位整改闭环

220kV 及以上输变电工程竣工验收后 80 日内，110kV 及以下输变电工程竣工验收后 45 日内，建设管理单位完成问题整改，并提交整改反馈情况、审定的全过程文档资料（资料清单详见 A.1，其中结算审查问题整改反馈报告格式详见 A.3）。

220kV 及以上输变电工程竣工验收后 95 日内，110kV 及以下输变电工程竣工验收后 55 日内，省经研院出具审查意见。

4.1.5 结算上报审批

220kV 及以上输变电工程竣工验收后 65 日内，110kV 及以下输变电工程竣工验收后 35 日内，建设管理单位完成提交竣工结算报告、结算审批表（签字盖章）。

220kV 及以上输变电工程竣工验收后 70 日内，110kV 及以下输变电工程竣工验收后 40 日内，省经研院、省公司建设部依次完成审批并同步发送国家电网有限公司。

4.1.6 移交财务

建设管理单位在结算上报工作完成后 7 日内移交工程结算资料至财务部，并提交"工程结算移交规范性控制表"（输变电工程竣工结算审查工作流程图详见 A.4）。

4.2 分部结算审查工作流程

4.2.1 施工单位分部结算送审

施工单位在分部工程中间验收后 15 日内，完成分部结算资料的编制并提交业主项目部审查。

4.2.2 建设管理单位审查、上报

建设管理单位在分部工程中间验收后 30 日内，完成分部结算文件审查及分部结算资料提交。

4.2.3 省经研院分部结算审查

省经研院收到建设管理单位上传的资料后，根据分部结算审查计划，对工程分部结算开展的真实性、准确性和规范性进行审查，并形成《分部结算审查会议纪要》（分部结算审查会议纪要格式详见 A.5）。

省经研院在审查后 2 个工作日内出具并提交《分部结算审查会议纪要》。

4.2.4 建设管理单位整改闭环

《分部结算审查会议纪要》反馈后 5 日内，建设管理单位完成问题整改及反馈，并提交整改反馈报告（整改反馈报告格式参考 A.3）、附件及审定的分部结算资料（输变电工程分部结算审查工作流程图详见 A.6）。

第**5**章

结算审查工作要求

5.1 竣工结算审查工作要求

5.1.1 施工等结算送审

施工结算文件中应包含承包人申请结算的全部费用及相关依据，未在规定时间内提交结算资料和结算资料不齐全的项目不纳入工程结算。

施工结算文件采用书面与电子文本的形式，且两者内容要求一致，书面结算文件应加盖造价执业专用章和单位公章，电子版数据应符合资料提交要求。

5.1.2 建设管理单位审核、上报

建设管理单位组织造价咨询单位对工程现场进行踏勘复测，认真核对设计图纸量、现场施工量、竣工结算量，确保"三量一致"。工程结算审核工作遵循承包合同的约定，在合同未约定或约定不明时，应按国家现行标准及有关规定执行；并依据现场造价资料，包括但不限于工程各类合同或协议书，中标通知书，招标文件及投标文件，岩土工程勘察报告，施工图纸，施工组织设计，专项施工方案，隐蔽工程验收资料，竣工验收报告，批准概算，经审查的施工图预算，分部结算资料，设计变更及现场签证，工程的洽商、变更、会议纪要等书面协议或文件，施工过程经确认的材料、设备价款、甲供设备材料结算资料等。建设管理单位适时召开结算工作协调推进会，及时协调解决争议和问题，确保工程按时结算。建设管理单位需会同施工单位、造价咨询单位完成结算定案表的签字盖章工作。

全面梳理结算工程所涉及的合同（费用）清单，确保结算的完整性。

工程结算报告编制应全面应用《输变电工程结算报告编制规定》Q/GDW 11874—2018。

结算资料应在规定时间内提交，提交资料清单及要求详见 A.1。

5.1.3 省经研院结算审查

省经研院原则上采用线下会议形式集中开展竣工结算审查。根据结算审查要点，对工

程初步设计、施工图设计、招标投标、施工建设、竣工投产和工程结算等建设全过程开展结算审查。

因受客观因素影响无法安排现场会议评审的工程或规模简单、技术明确的工程，可采用远程视频会议形式开展竣工结算审查。

对于重点难点工程，省经研院采用现场审查方式，通过踏勘现场，调查、取证，掌握工程建设实际情况。

省经研院按照审查要点，逐项开展结算审查工作，严格结算审查质量把控，落实结算审查深度要求。

5.1.4 建设管理单位整改闭环

建设管理单位须按《结算审查工作底稿》中提出的问题认真开展问题整改，重新修订竣工结算资料，包括施工结算审查报告、建设场地征用及清理费用结算资料、勘察设计费结算定案表、监理费结算定案表、国网工程竣工结算报告、结算总结等，且各结算资料中的数据口径保持一致。

建设管理单位逐条回复整改情况并附支撑性材料。对于无法立即整改的问题，须明确今后改进的措施。

建设管理单位在整改闭环阶段未完成全过程文档资料提交的，或未完成整改回复的，均视为结算未按期完成。

5.1.5 结算上报

建设管理单位在规定时间内按提交资料模板要求完成国网工程竣工结算报告、结算审批表（签字盖章版）、工程结算移交规范性控制表等上报工作。

5.1.6 移交财务

工程结算完成后，建设管理单位应及时移交财务管理部门，办理工程决算。

建设管理单位在规定时间内按资料提交模板要求填写、上报财务竣工决算报告。

5.2 分部结算审查工作要求

5.2.1 施工单位分部结算送审

施工单位应按照分部结算计划、中间验收时间完成分部结算文件的编制并提交业主项目部审查。分部结算资料包括分部工程量计算书、工程费用明细、新组单价依据性资料、设计变更、现场签证及其他支撑性资料。

分部结算文件采用书面与电子文本的形式，且两者内容要求一致，书面结算文件应加盖造价执业专用章和单位公章，电子版数据应符合资料提交要求。

5.2.2 建设管理单位审查、上报

建设管理单位委托造价咨询单位完成分部结算文件审查工作，审查要求与竣工结算要

求保持一致，通过技术审查、逻辑审查、实物查实以及调查取证等手段，对工程量、项目特征、综合单价组成、设备材料价格等内容的合规性、准确性进行全面审查，出具《分部工程结算审查报告》。

分部结算应及时确认交叉施工中交界面的工程量，由于交叉施工等原因引起的未完工程量可延续至下一节点结算，严禁预估工程量，严禁重复计算工程量。

建设管理单位根据分部结算计划，完成分部结算文件编制、审查后，及时提交分部结算资料。提交分部结算资料清单及要求详见 A.7。

建设管理单位在分部结算审查会议前，按照《分部结算审查会议纪要》要求，提前填写完毕"项目简表"中的内容。

5.2.3 省经研院分部结算审查

分部结算审查工作原则上采用会议形式，参照结算审查要点，对分部结算所包含的相应分部分项工程费、承包人采购设备费、措施项目费、其他项目费、规费、税金、设计变更及现场签证开展审查，并出具《分部结算审查会议纪要》。

对于重点难点工程，省经研院应踏勘现场，调查、取证，掌握工程建设实际情况。

5.2.4 建设管理单位整改闭环

建设管理单位根据《分部结算审查会议纪要》开展闭环整改，重新修订分部结算资料，包括施工结算审查报告、分部工程竣工工程量、新增或调整综合单价表等，且各结算资料中的数据口径保持一致。

建设管理单位反馈问题整改情况，逐条回复整改情况并附支撑性材料。对于无法立即整改的问题，须明确今后改进的措施。

审定的分部结算是工程竣工结算的有机组成部分，审定的工程量和结算金额原则上不予调整。建设管理单位在后续竣工结算时，应在分部结算相关成果汇总的基础上开展。

第**6**章

输变电工程结算资料审查

6.1 初步设计阶段资料审查

（1）审查初步设计阶段资料完整性，具体内容可参考表 A.1。

（2）审查批准概算书是否与初步设计批复单项工程项目一致。

（3）审查批准概算书金额是否与批复一致。

（4）审查批准概算是否超可行性研究估算。

（5）审查初步设计规模是否与批复一致。

（6）依据结算情况审查概算是否虚列、漏列费用。

6.2 施工图设计阶段资料审查

（1）审查施工图设计资料完整性，具体内容可参考表 A.1。

（2）审查施工图预算、清单、限价是否依据有关法律法规、国家标准、行业标准、公司企业标准和相关规定的要求以及施工图设计文件进行编制。

1）施工图预算是否采用综合单价法编制。

2）招标工程量清单的项目划分是否符合变电工程工程量计算规范、输电线路工程工程量计算规范规定。

3）分部分项工程量清单项目编码、项目名称、项目特征、计量单位、工程量是否符合工程量清单计算规范规定。

4）预算、清单、限价中的项目编码、项目名称、项目特征、计量单位及工程量是否保持一致。

5）其他费用项目划分、费用构成及计算标准是否严格执行《电网工程建设预算编制与计算规定（2018 年版）》。

（3）审查施工图设计方案、规模是否与批准的初步设计规模和原则一致。

（4）审查施工图预算、清单、限价是否控制在初步设计批准概算之内。

（5）审查最高投标限价是否计列招标工程量清单和施工图预算范围以外的费用。

6.3 招标投标阶段资料审查

（1）审查招标投标阶段资料完整性，具体内容可参考表 A.1。

（2）审查最高投标限价、施工图预算及相关招标工程量清单是否未经编制和审查先行招标。

（3）审查合同是否在中标通知书发出之日起 30 日内，由发承包双方依据招标投标结果签订书面合同。

（4）审查招标文件，是否使用总价包干方式招标。

（5）审查招标投标文件、招标答疑文件、投标承诺、中标通知书及相关的补充通知是否完备。

（6）审查合同范围是否与招标投标文件一致，合同金额是否与中标金额一致。

（7）审查合同文本是否与招标文件中合同范本一致，合同实质性条款是否与招标投标文件、中标结果一致，合同条款是否偏离实际。

6.4 建设实施阶段资料审查

（1）审查建设实施阶段资料完整性，具体内容可参考表 A.1。

（2）审查设计变更审批文件是否完整齐全、字迹清晰、手续完备。

1）审查设计变更原因与提出单位是否相符：设计原因引起的设计变更由设计单位直接出具设计变更审批单；非设计原因引起的设计变更由施工、监理或业主项目部等提出单位出具设计变更联系单，提交设计单位出具设计变更审批单后进入审批流程。

2）审查是否切实履行逐级审批程序，是否按制度规定的工作流程和管理权限审批：一般设计变更（签证）发生后，提出单位及时通知相关单位，建设管理单位组织各单位 7 天内完成审批。重大设计变更（签证）发生后，提出单位及时通知相关单位，经建设管理单位审查上报省公司建设部，由省公司建设部组织各单位 14 天内完成审批。

3）审查设计变更审批单/联系单是否能准确说明变更的卷册号及图号、工程变更原因、变更内容、变更工程量及费用变化金额。设计变更审批单内容包括工程名称、变更的卷册号及图号、变更原因、变更提出方、变更内容、变更工程量及费用变化金额，附变更图纸和变更费用计算书等。设计变更联系单内容包括工程名称、变更原因、变更建议、变更提出方、变更方案等相关附件。

4）审查设计变更执行报验单意见签署是否明确，内容包括工程量清单、示意图及照片，以及完成工程量的计量实测。

5）审查是否存在拆分设计变更、规避重大设计变更单审批。

6）审查是否存在未经审批的设计变更。

（3）审查现场签证审批文件是否完整齐全、字迹清晰、手续完备。

1）审查现场签证审批单是否由施工单位出具。

2）审查是否严格执行《国家电网公司输变电工程设计变更与现场签证管理办法》，规范管理流程，切实履行逐级审批程序。

3）审查现场签证审批单是否能准确说明签证原因、签证内容、签证工程量及费用变化金额。现场签证审批单内容包括工程名称、签证事项原因，发生的部位或范围、可能持续的时间、工程量变化情况，附相关施工方案（措施）、纪要或协议、照片、示意图、工程量及费用计算书等支撑性材料。

4）审查监理工程师意见签署是否明确，以及签证过程中计量、见证的项目、部位及时间。

5）审查是否存在拆分、规避重大现场签证等问题。

6.5 工程结算阶段资料审查

（1）审查工程结算阶段资料完整性，具体内容可参考表 A.1。

（2）审查实际结算的工程范围是否与合同中约定的承包范围一致。

（3）审查工程结算是否控制在批准概算总投资内。

（4）审查现场造价资料是否与工程实际相符，是否采用未经审批、会签的文件、纪要、通知，严禁出现虚假资料。

（5）审查单项工程的结算工作计时起点是否与投产通知书、竣工验收报告时间一致。

（6）审查勘察设计费用结算、监理费用结算等服务类合同成果资料是否符合合同约定，结算金额是否与合同约定一致。

（7）审查工程结算审核报告。

1）审查结算审核报告内容、格式是否与国家电网有限公司规定一致。

2）审查结算审核报告数据是否准确，是否与施工结算审核报告一致。

3）审查结算审核报告编制是否符合国家电网有限公司规定，是否存在漏项。

4）审查是否计列与本工程无关的费用。

5）审查结算审核报告编制的时间是否满足要求。

第7章

变电工程结算审查

7.1 变电建筑工程结算审查

本节按分部分项工程量和措施项目工程量两部分内容，针对变电工程清单工程量在结算审核过程中的多发问题、工程造价影响较大及风险等级较高的问题，汇总形成变电工程结算审查重点。

7.1.1 变电建筑工程分部分项工程结算审查

本小节对土石方工程，地基处理与基坑支护工程，桩基工程，砌筑工程，混凝土及钢筋、铁件工程，金属结构工程，隔墙与顶棚吊顶工程，门窗与木作工程，地面及楼地面工程，屋面与防水工程，装饰工程，构筑物工程，给水与排水工程，照明与防雷接地工程，消防工程，通风与空调、除尘工程，临时工程等分部分项工程进行具体分析。

7.1.1.1 土石方工程

1. 场地平整

（1）工程量计算规则

按照围墙外边线每边各加 2m，以面积计算。

（2）审查重点

1）场地挖土方平均厚度按自然地面测量标高至设计地坪标高间的平均厚度确定。

2）建筑物场地厚度≤±300mm 的挖、填、运、找平，按平整场地列项。厚度＞±300mm 的竖向布置挖土或山坡切土，按挖一般土方项目列项。

3）查阅专项施工方案及原始自然地面标高测量记录，核实施工场地是否进行过竖向布置，若进行竖向布置则不计列此项费用。

（3）审查注意事项

1）本清单项是指平整场地标高在±30cm 以内的挖、填、找平及场内运输。

2）平整场地标高在±30cm 以外的挖、填、找平及场内运输是在"三通一平"的工作范围内，对应挖一般土（石）方、回填方、余方弃置等清单项。

3）通过查阅专项施工方案及询问监理和业主现场工程师，核实场地平整的方式与方法，是人工平整还是机械平整，采用机械平整的核实机械的类型和型号。

2. 挖一般土方

（1）工程量计算规则

1）厚度＞±300mm的场地竖向布置挖土或山坡切土按设计图示尺寸，以体积计算。

2）基础土方开挖按设计图示尺寸，以体积计算，不计算工作面和放坡体积。

（2）审查重点

1）基础土方开挖深度按基础垫层底表面标高至交付施工场地标高确定，无交付施工标高时，按自然地面标高确定。

2）底宽（设计图示垫层或基础的底宽，下同）≤7m且底长＞3倍底宽为沟槽。底长≤3倍底宽，且底面积≤150m^{2}为基坑。超出上述范围，又非平整场地的，为一般土石方。

3）土方体积按挖掘前天然密实体积计算。非天然密实土方按土石方松实系数表折算。

4）需提供地勘报告或在图纸中明确地质的具体情况，描述与清单计算规范中对于地质的描述一致，以便于地质类型的判断。

5）建筑物场地厚度≤±300mm的挖、填、运、找平，按平整场地列项。厚度＞±300mm的竖向布置挖土或山坡切土，按挖一般土方项目列项。

（3）审查注意事项

1）查阅经监理工程师确认的施工进场前的复测标高记录，确定开挖起始标高H_1（部分工程存在前期堆垃圾、场地内土被盗走等情况，通过H_1验证土方平衡网格图中原始地坪标高数据的准确性）。

2）查阅基坑验槽记录等资料，确定场地施工标高H_2。

3）查阅土方平衡网格图，计算开挖方量＝$\sum$［网格4个角的（H_1-H_2）数据算术平均值×单个网格面积］。

4）关注本清单项与"三通一平"中的挖土方量是否重复。

5）通过查阅专项施工方案及询问监理和业主现场工程师，核实挖土方式与方法，是机械挖土还是人工挖土，采用机械挖土的要核实机械类型与型号，并核实土方弃置地点、运输方式与运距。

3. 挖沟槽土方

（1）工程量计算规则

按基础垫层底面积［无垫层者为基础（坑、槽）底面积］乘以挖土深度，以体积计算。

（2）审查重点

1）基础土方开挖深度按基础垫层底表面标高至交付施工场地标高确定，无交付施工标高时，按自然地面标高确定。

2）底宽（设计图示垫层或基础的底宽，下同）≤7m且底长＞3倍底宽为沟槽。底长≤3倍底宽，且底面积≤150m^{2}为基坑。超出上述范围，又非平整场地的，为一般土石方。

3）土方体积按挖掘前天然密实体积计算。非天然密实土方按土石方松实系数表折算。

4）需提供地勘报告或在图纸中明确地质的具体情况，描述与清单计算规范中对于地质的描述一致，以便于地质类型的判断。

（3）审查注意事项

1）关注结算工程量是否准确，从以下几点复核工程量：

基础垫层底面积：基础垫层宽度×长度；

挖土深度：起挖点标高－底标高。

①起挖点：是场地平整后的施工标高（即设计标高基础上减掉碎石、绿化的厚度），注意根据实际情况判断起挖点是否合理（若自然地坪标高≥施工标高，则自然地坪标高至施工标高的土石方量属于"三通一平"的范围，应列入"挖一般土石方"清单项；若自然地坪标高＜施工标高，应关注施工工序是否合理：a. 当基础底标高＞自然地坪标高时，最经济合理的施工标高应为基础底标高，不存在坑槽土方开挖；b. 当基础底标高＜自然地坪标高时，最经济合理的施工标高应为自然地坪标高）。②底标高：注意超深超挖。若无超深超挖情况，则底标高为基础垫层底标高（设计图纸已标注）；若存在超深超挖情况，超深超挖部分的土石方开挖量无法在设计图纸中查阅，则需通过查看经勘测、设计、监理、业主确认的基坑验槽记录确定底标高。③不含放坡量。

2）关注土方与石方是不同的清单子目。需查阅地勘报告，若存在挖一般（坑槽）石方，不能合并列入本条清单项，否则存在清单编制不规范的问题。

3）通过查阅专项施工方案及询问监理和业主现场工程师，核实挖土方式与方法，是机械挖土还是人工挖土，采用机械挖土的要核实机械类型与型号，并核实土方弃置地点、运输方式与运距。

4. 挖一般石方

（1）工程量计算规则

1）厚度＞±300mm 的场地竖向布置挖石或山凿石按设计图示尺寸，以体积计算。

2）按设计图示尺寸，以体积计算，不计算工作面和放坡体积。

（2）审查重点

1）场地挖石方按自然地面测量标高至设计地坪标高间的平均厚度确定。基础石方开挖深度按基础垫层底表面标高至交付施工场地标高确定，无交付施工标高时，按自然地面标高确定。

2）厚度＞±300mm 的竖向布置挖石或山坡凿石按挖一般石方项目编码列项。

3）底宽（设计图示垫层或基础的底宽，下同）≤7m 且底长＞3 倍底宽为沟槽。底长≤3 倍底宽，且底面积≤150m² 为基坑。超出上述范围，又非平整场地的，为一般土石方。

4）石方体积按挖掘前天然密实体积计算，非天然密实石方按土石方松实系数表折算。

（3）审查注意事项

通过查阅专项施工方案及询问监理和业主现场工程师并实地踏勘，核实石渣运输时的装卸方式，并核实石渣的弃置地点、运输方式与运距。

5. 挖坑槽石方

（1）工程量计算规则

按基础垫层底面积［无垫层者为基础（坑、槽）底面积］乘以挖方深度，以体积计算。

（2）审查重点

1）场地挖石方按自然地面测量标高至设计地坪标高间的平均厚度确定。基础石方开挖深度按基础垫层底表面标高至交付施工场地标高确定，无交付施工标高时，按自然地面标高确定。

2）厚度＞±300mm 的竖向布置挖石或山坡凿石按挖一般石方项目编码列项。

3）底宽（设计图示垫层或基础的底宽，下同）≤7m 且底长＞3 倍底宽为沟槽。底长≤3 倍底宽，且底面积≤150m² 为基坑。超出上述范围，又非平整场地的，为一般土石方。

4）石方体积按挖掘前天然密实体积计算，非天然密实石方按土石方松实系数表折算。

（3）审查注意事项

通过查阅专项施工方案及询问监理和业主现场工程师并实地踏勘，核实石渣运输时的装卸方式，并核实石渣的弃置地点、运输方式与运距。

6. 挖管沟石方

（1）工程量计算规则

按设计图示垫层面积乘以挖方深度，以体积计算；无垫层按管外径的水平投影面积乘以挖方深度计算。与管沟相连井的石方单独计算并入挖管沟石方。

（2）审查注意事项

本清单项适用于管道（给水排水、电力、通信）及连接井（检查井）等。

7. 回填方

（1）工程量计算规则

按设计图示，以体积计算。

（2）审查重点

1）场地回填：回填面积乘以平均回填厚度。

2）室内回填：主墙间面积乘以回填厚度，不扣除间隔墙。

3）基础回填：按挖方清单项目工程量减去回填范围以内埋设的基础体积（包括基础垫层及其他构筑物）。

（3）审查注意事项

1）结合图纸分清回填方的位置，是水池基坑回填，还是基础垫层。

2）区分本清单项与"挖坑槽土方"清单项所包含的工作内容（就地回填）的差别："回填方"清单项工作内容为装卸、运输、回填、压实，属于借土回填；"挖坑槽土方"清单项所包含的工作内容属于就地回填。对于同一回填位置，若结算中计取回填方费用，不应计取挖坑槽土方中的就地回填费用（挖坑槽土方清单项的综合单价中不应包含就地回填费用），避免重复。

3）查阅经监理工程师确认的施工进场前的复测标高记录，确定回填起始标高 H_1

（部分工程存在前期堆垃圾、场地内土被盗走等情况，通过 H_1 验证土方平衡网格图中的原始地坪标高数据的准确性）。

4）查阅基坑验槽记录等资料，确定场地施工标高 H_2。

5）查阅土方平衡网格图，计算回填方量＝Σ［网格 4 个角的（H_2-H_1）数据算术平均值×单个网格面积］。

6）回填土综合单价低于回填塘渣综合单价。

7）关注种植土回填是否有场地可利用土方：若挖一般土方中有场地表层根植土（经翻晒），一般宜采用场地表层根植土作为种植土回填（除非结算材料可证明外购种植土比利用场地原土更经济，否则不建议计列外购种植土费用）；若挖一般土方中无场地表层根植土等可利用的土方，则按外购种植土考虑。

8. 挖淤泥、流砂

（1）工程量计算规则

按设计图示尺寸，以实际挖方体积计算。

（2）审查注意事项

工作内容含弃置、运输，注意与余方弃置清单子目是否重复。

9. 余方弃置

（1）工程量计算规则

按挖方清单项目工程量减利用回填方体积（正数）计算。

（2）管理规定

1）按地方政府/信息价文件规定执行。

2）建设管理单位可根据工程情况、政府环境保护要求明确描述，也可由投标人根据工程情况自行考虑。最高投标限价依据设计方案、政府文件规定及现行定额计列费用。

（3）审查注意事项

1）若场地是缺方回填的，余方弃置工程量只计取表层根植土不予利用的弃置方量。

2）若场地是富余方量外运的，余方弃置工程量＝总挖方量－总回填量＋场地平整（设计室外）标高以下埋置设施体积。

3）综合单价包括外运、处置费。

7.1.1.2 地基处理与基坑支护工程

1. 换填

（1）工程量计算规则

按照设计图示尺寸，以体积计算。

（2）审查重点

1）换填是指挖去浅层软弱土层和不均匀土层，回填坚硬、较粗粒径的材料，并夯压密实形成的垫层，换填中不包括被换填土石方的开挖、运输，发生时执行土石方工程有关项目。

2）图纸尺寸明确的，按图纸计算审核。

3）现场由于实际情况无法按图纸尺寸施工的，需提出进行设计变更，以变更后的工程量为准。图纸尺寸不明确的，需监理工程师现场确认工程量，并提供设计进行设计变更。

（3）审查注意事项

通过查阅地勘报告或隐蔽验槽记录，由监理和业主现场工程师核实确认土壤类别及土壤含水率。通过查阅专项施工方案，由监理和业主现场工程师核实确认挖土方式与方法，是机械挖土还是人工挖土，采用机械挖土的要核定机械类型与型号。监理和业主现场工程师现场踏勘确认核实土方弃置地点、运输方式与运距。通过查阅专项施工方案及询问监理和业主现场工程师核实回填的夯实方式。

2. 强夯

（1）工程量计算规则

按照强夯外边缘夯点的外边线所围成的面积计算。扣除夯点面积大于 $64m^2$ 的面积。

（2）审查重点

所填充材料的施工费另行计算，执行土石方工程相关清单项。

（3）审查注意事项

通过查阅专项施工方案及询问监理和业主现场工程师核实机具的类型与型号。

3. 地下混凝土连续墙

（1）工程量计算规则

地下连续墙成槽土方量按照设计图示连续墙中心线长乘以墙厚度再乘以槽深，以体积计算工程量。混凝土量按照设计图示连续墙中心线长乘以墙厚度再乘以设计墙高加 0.25m，以体积计算工程量。锁口管吊拔、清底置换以"段"为计量单位，按照槽壁单元划分段数加 1 计算工程量。

（2）审查重点

1）地下混凝土连续墙包括浇筑槽底混凝土垫层。

2）地下混凝土连续墙包括泥浆池制作、恢复处理及土石方、废泥浆的周转运输、外运及处置。

3）地下连续墙钢筋网制作、安装，按桩基工程中相关清单项计算。

4）导墙开挖项目综合考虑了机械挖土、人工挖土、浇筑槽底混凝土垫层等工作内容。

5）挖土成槽项目包括自卸汽车运土 1km，运距超出 1km 时按照土石方工程运土运距每增加 1km 项目编码列项。

6）工作内容已综合考虑垂直度、超挖深度、超灌量的损耗，不得重复计列。

7）锁口管吊拔、清底置换按照"段"进行列项。

8）导墙土方工程量、导墙工程量根据批准的施工方案，按照体积计算审核。

9）地下连续墙钢筋网、灌注桩的钢筋笼钢筋制作、安装，执行桩基工程相关清单项。

4. 锚杆支护钻孔、灌浆

（1）工程量计算规则

按照锚杆入土长度以延长米为单位计算工程量。

（2）审查重点

锚杆支护、土钉支护需要搭拆脚手架时，按照实际搭设长度乘以 2m 宽计算工程量，执行满堂脚手架定额子目。

5. 喷射混凝土支护

（1）工程量计算规则

按照喷射混凝土表面积，以平方米计算。

（2）审查重点

喷射混凝土支护项目不包括钢筋网片的制作、安装、吊装费用，执行钢筋笼、网清单项。

6. 水泥搅拌桩

（1）工程量计算规则

按设计图示尺寸，以桩长计算。

（2）审查注意事项

1）使用水泥搅拌桩的工程，一般地基土质较差（如滩涂之类的），需要用水泥搅拌桩加固。在水泥搅拌桩施工中，容易出现回填的塘渣不符合规范要求（有大石块，水泥搅拌桩无法钻进），增加翻填的费用。需进一步分析责任主体，核查翻填费用计算的合理性（是否破解大石块/全部重新换填）。

2）单、双轴水泥搅拌桩施工产生涌土、浮浆的清除，按成桩工程量乘以系数0.2计算，三轴水泥搅拌桩施工产生涌土、浮浆的清除，按成桩工程量乘以系数0.25计算。

7. 护坡

（1）工程量计算规则

高强植基毯边坡按照设计图示尺寸，以面积计算工程量；格构式护坡按照设计图示混凝土实体体积计算工程量；其他材料护坡均按照设计图示尺寸，以体积计算工程量。

（2）审查重点

核查是否按图施工。

（3）审查注意事项

需编制专项护坡方案，且满足设计环保、地质等方面的要求。

7.1.1.3 桩基工程

1. 钢筋混凝土预制桩

（1）工程量计算规则

钢筋混凝土预制桩按设计桩截面面积乘以设计桩长，以体积计算。扣除管桩的空心体积，管桩空心部分如需要灌注混凝土或其他填充料时，其费用另行计算。

（2）审查重点

1）依据图纸、打桩记录校核项目特征。

2）依据图纸、打桩记录校核工程量。

（3）审查注意事项

1）根据打桩记录，统计工程量。

2）若出现截桩较长的情况，不计截桩部分的施工费，只计材料费。

3）通过查询分项工程检验批质量验收记录核实接桩方式。由监理和业主现场工程师核实确认打桩方式，是静压还是捶打，核实打桩机械种类与型号。

2. 钻孔灌注桩

（1）工程量计算规则

按设计桩截面面积乘以设计桩长，以体积计算。

（2）管理规定

1）《输变电工程施工合同（2019版）》专用合同条款16.3，各类现浇基础的超灌量由承包人自主考虑，超灌费用包含在综合单价中，结算时不予调整。

2）根据地方环境保护要求，如工程涉及建筑渣土、泥浆外运，应在设计文本中编制相应处置方案，明确外运数量、运输方式、弃置地点等，费用按工程所在地信息（指导）价格计列。

3）参照《输变电工程招标工程量清单及最高投标限价编制原则》，各类基础的超灌量应按设计图纸执行，如设计未明确时，按定额超灌系数计入最高投标限价。施工单位投标时自主报价，结算不作调整。

（3）审查重点

1）依据图纸：摩擦桩按设计有效桩长计量，端承桩按桩基记录计量。

2）依据现场打桩记录核实桩长。

3）不含成孔所产生的泥浆、弃土等处置运输费用，如发生外运按土石方施工项目计列。

4）设计桩长不包括桩尖长度及超灌长度。

（4）审查注意事项

1）注意混凝土灌注桩超灌费用不予计入结算。

2）泥浆外运参照地方文件执行。

3）桩长应考虑有效桩长部分。

4）充盈系数应在最高投标限价阶段考虑，结算不予调整。

5）核实泥浆的处置方式、地点，涉及运输的还要核实运输方式与运距，以上可以通过询问监理和业主现场工程师并实地踏勘获得。

3. 人工挖孔灌注桩

（1）工程量计算规则

按设计桩截面面积乘以设计桩长，以体积计算。

（2）审查重点

1）桩头扩大部分体积以立方米为单位计算工程量，并入桩芯体积。

2）不含成孔所产生的泥浆、弃土等处置运输费用，如发生外运按土石方施工项目计列。

3）设计桩长不包括桩尖长度及超灌长度。

（3）审查注意事项

核实所挖土壤或岩石的弃置地点、运输方式与运距，以上可以通过询问监理和业主现场工程师并实地踏勘获得。

4. 凿桩头

（1）工程量计算规则

按照桩头处理的桩头体积或根数计算。

（2）审查重点

截（凿）桩头项目适用于基坑与边坡支护、桩基工程所列桩的桩头截（凿）。

5. 钢筋笼、网制作与安装

（1）工程量计算规则

根据设计规定，以吨为单位计算工程量。

（2）审查重点

1）依据图纸审核工程量。

2）钢筋搭接用量、施工措施钢筋用量按照混凝土及钢筋、铁件工程工程量计算规定审核。

3）在钢筋笼、网制作定额中，综合考虑了不同连接方式，工程实际与定额不同时不作调整。

（3）审查注意事项

连接方式影响钢筋连接用量：参照《电力建设工程预算定额（2018年版）》，计算钢筋连接用量时，单位工程施工图设计钢筋总用量不含设计连接用量。不属于连接的对焊、电渣压力焊、螺纹连接、冷挤压、植筋的钢筋量也不作为计算连接用量基础。

6. 砖胎膜

（1）工程量计算规则

按设计图示尺寸，以体积计算。

（2）审查注意事项

1）结算量与清单量差异较大时，需核实砖胎膜厚度：查阅施工图纸，看图纸是否有标注厚度，若有，按图纸；若无，需提供相关佐证材料。厚度一般为240mm、120mm。

2）若存在设计变更，将木模板改为砖胎膜，需扣除木模板摊销费用。

7.1.1.4 砌筑工程

1. 砖基础

（1）工程量计算规则

基础根据设计图示尺寸，按照体积计算工程量，附墙垛、扶壁柱基础宽出部分体积并入基础体积。扣除地圈梁、构造柱所占体积。不扣除基础大放脚T形接头处的重复部分。不扣除嵌入基础内的钢筋、铁件、防潮层所占体积。不扣除单个面积$0.3m^2$以内孔洞所占体积。靠墙沟道的挑檐不计算体积。

基础长度：外墙基础按照外墙中心线长度计算，内墙基础按照内墙基础净长计算。

（2）审查重点

1）基础与墙采用同一种材料时，以室内设计地坪分界，以下为基础，以上为墙。

2）基础与墙采用不同种材料时，位于设计室内地面±300mm以内时，以不同材料界面分界。超过±300mm时，以设计室内地坪分界。

3）有地下室者，以地下室室内地坪分界。

2. 砌体围墙

（1）工程量计算规则

按照设计中心线长度乘以围墙高度再乘以围墙厚度，以立方米为单位计算工程量。不扣除围墙上部空花墙中空洞体积，附墙柱计算体积并入围墙体积。扣除围墙中混凝土柱、混凝土砌块所占体积，混凝土砌块、混凝土围墙柱另行计算。同时，围墙与基础以场地（室外）地坪分界，以下为基础，以上为围墙。

（2）审查重点

1）注意基础与墙（柱）划分，工程量分别计量。

2）砖砌体及砌块砌体厚度按照砖墙标准厚度计算表计算。

3. 砌体内墙

（1）工程量计算规则

砌体内墙根据设计图示尺寸，按照体积计算工程量。扣除门窗洞口、过人洞、空圈所占体积；扣除嵌入墙内的钢筋混凝土柱、梁、圈梁、过梁、挑梁、预埋块所占体积；扣除凹进墙内的壁龛、管槽、消火栓箱、配电箱等所占体积。不扣除梁头、板头、檩头、垫木、木砖、门窗走头、砖墙内加固钢筋、铁件及单个面积在 $0.3m^2$ 以内孔洞等所占体积。突出墙面的三皮砖以下腰线和挑檐、窗台线、窗台虎头砖、压顶线、门窗套等体积亦不增加。洞口上砖平璇、钢筋砖过梁不单独计算。

（2）审查重点

1）墙体长度：内墙按照内墙净长计算。

2）内墙高度：位于屋架下弦者，算至屋架下弦底；无屋架有顶棚者，算至顶棚底加100mm；有钢筋混凝土楼板隔层者，算至板底。

7.1.1.5 混凝土及钢筋、铁件工程

1. 条形基础、独立基础、杯形基础、筏形基础、箱式基础、桩承台基础

（1）工程量计算规则

按照设计图示尺寸，以体积计算。不扣除伸入基础桩头所占体积及构件内钢筋、铁件和螺栓所占体积。

（2）审查重点

1）依据图纸校核清单项目特征。

2）依据图纸校核清单工程量。

3）现浇钢筋混凝土构件，不扣除构件内钢筋、螺栓、预埋铁件、张拉孔道、型钢所占体积。

（3）审查注意事项

1）关注结算中是否多计垫层工程量的问题：参照《变电工程工程量计算规范》Q/GDW 11338—2023，基础工程按照基础体积计算工程量，不计算垫层体积。结算中经常出现多计垫层工程量的问题。

2）核实混凝土是现场搅拌还是商品混凝土，对于商品混凝土还应核实是泵送还是非

泵送。

2. 矩形柱

（1）工程量计算规则

按设计图示尺寸，以体积计算。依附柱上的牛腿和升板的柱帽，并入柱身体积计算。

（2）审查重点

1）有梁板的柱高，自柱基上表面（或楼板上表面）至上一层楼板上表面之间的高度计算。

2）无梁板的柱高，自柱基上表面（或楼板上表面）至柱帽下表面之间的高度计算。

3）其他矩形柱的柱高：自柱基上表面至柱顶高度计算。

（3）审查注意事项

关注结算工程量与混凝土墙的扣减关系，与招标工程量计算口径一致。

3. 矩形梁

（1）工程量计算规则

按设计图示尺寸，以体积计算。伸入墙内的梁头、梁垫并入梁体积。

（2）审查重点

1）梁与柱连接时，梁长算至柱侧面。

2）主梁与次梁连接时，次梁长算至主梁侧面。

4. 有梁板

（1）工程量计算规则

按设计图示尺寸，以体积计算，不扣除单个面积在 $0.3m^2$ 以内柱、垛以及孔洞所占体积。

（2）审查重点

有梁板（包括主、次梁与板）按梁、板体积之和计算，无梁板按板和柱帽体积之和计算，各类板伸入墙内的板头并入板体积。

（3）审查注意事项

1）关注钢筋混凝土板的施工工艺：核实实际工艺与设计图纸、工程量清单特征描述等是否一致。

2）关注工程量清单、最高投标限价编制是否准确：

如采用楼承板施工工艺时，定额应套用钢梁浇制混凝土板（压型钢板底模，YT5-55），定额消耗量已包含压型钢板。参照《电力建设工程预算定额（2018 年版）》，压型钢板混凝土厚度，按照压型钢板槽口至混凝土面的净高计算，槽内混凝土量及压型钢板或混凝土含量均已包括在定额中。由于设计原因，压型钢板或混凝土含量与定额不同时，可以换算压型钢板及混凝土含量，其余不变。

3）关注底板和侧墙的防水工程量，明确底板防水面积工程量计算规则、侧墙防水的计算规则。

5. 装配式混凝土基础、混凝土柱、混凝土梁、混凝土板、混凝土空调板、混凝土外墙板、混凝土内墙板等

（1）工程量计算规则

按成品构件设计图示尺寸，以体积计算。不扣除构件内钢筋、预埋铁件、配管、套管、线盒及单个面积在 $0.3m^2$ 以内孔洞、线箱等所占体积，构件外露钢筋体积亦不再增加。

（2）审查重点

1）装配式建筑构件按外购成品考虑，包括钢筋、铁件；装配式建筑构件包括构件卸车、堆放支架；装配式建筑构件包括安装费用。

2）依据图纸校核项目特征。

3）依据图纸校核工程量。

（3）审查注意事项

装配式围墙钢筋不另外计算。

6. 钢筋制作安装

（1）工程量计算规则

钢筋工程量计算由设计用量、钢筋连接用量、施工措施用量组成。

（2）审查重点

1）钢筋设计用量按照设计长度乘以钢筋单位理论质量审核。

2）钢筋连接用量按照施工图规定或规范要求计算。施工图未注明者，以单位工程施工图设计钢筋总用量为计算基数，按照4％计算。

3）施工措施钢筋用量，支撑钢筋、支撑型钢按设计图示（或施工验收规范要求）尺寸乘以单位理论质量计算，设计图纸或施工验收规范无要求，根据批准的施工组织设计计算。无批准的施工组织设计时，建筑物施工措施钢筋用量按照单位工程施工图设计钢筋用量与连接用量之和的1％计算，构筑物施工措施钢筋用量按照单位工程施工图设计钢筋用量与连接用量之和的3.5％计算。

（3）审查注意事项

注意：连接方式影响钢筋连接用量，参照《电力建设工程预算定额（2018年版）》，计算钢筋连接用量时，单位工程施工图设计钢筋总用量不含设计连接用量。不属于连接的对焊、电渣压力焊、螺纹连接、冷挤压、植筋的钢筋量也不作为计算连接用量基础。

7. 设备基础

（1）工程量计算规则

按设计图示尺寸，以体积计算。

（2）审查注意事项

关注结算中是否多计垫层工程量的问题：参照《变电工程工程量计算规范》Q/GDW 11338—2023，基础工程按照基础体积计算工程量，不计算垫层体积。结算中经常出现多计垫层工程量的问题。

8. 楼梯

（1）工程量计算规则

按设计图示尺寸，以各层楼梯水平投影面积之和计算。

（2）审查注意事项

1）关注楼梯井较宽时，面积是否扣除；参照《电力建设工程预算定额（2018年版）》，楼梯井宽度大于300mm时，面积应扣除。

2）关注楼梯与楼板的划分界限，避免出现楼板工程量计入楼梯工程量（两者单价差异较大，楼梯单价高于楼板单价）。参照《电力建设工程预算定额（2018年版）》，楼梯与楼板的划分界限以楼梯梁的外侧为界；当整体楼梯与现浇楼板无梁连接时，以楼梯最后一个踏步外沿加300mm为界。

9. 沟道、隧道盖板

工程量计算规则：

按设计图示尺寸，以面积计算。

10. 混凝土零星构件

工程量计算规则：

按设计图示尺寸，以体积计算。

11. 预埋铁件

工程量计算规则：

按设计图示尺寸，以质量计算。

12. 地脚螺栓

（1）工程量计算规则

按设计图示尺寸，以质量计算。

（2）审查注意事项

地脚螺栓用于基础与钢柱之间的连接。

7.1.1.6　金属结构工程

1. 钢柱、钢梁、钢檩、钢屋架、钢桁架、钢支撑、钢墙架、钢煤斗、钢箅、钢平台、钢梯子、钢栏杆

（1）工程量计算规则

按照钢结构成品质量计算，计算连接、组装所用连接件及螺栓的质量，不计算损耗工程量，计算柱头、柱脚、牛腿、悬臂梁的质量。

（2）审查重点

1）依据图纸、现场踏勘校核工程量。

2）不扣除孔眼的质量，焊条、铆钉等不另增加质量。

3）结算审核注意的问题：按钢材类型分类统计数量。

（3）审查注意事项

1）关注连接方式：普通螺栓连接与高强度螺栓连接的差异导致最高投标限价编制是否准确：普通螺栓连接与高强度螺栓连接的价格不同。

2）关注钢梁与钢柱的分界：钢柱工程量包括依附于柱上的牛腿及悬臂梁的重量。

3）钢结构重量以设计图示重量计，不计损耗重量，结算时容易出现将钢结构深化损耗计入结算的错误。

4）钢吊车梁工程量包括梁及依附于梁上的车挡、连接件的质量。钢吊车梁上钢轨单独计算。

5）结算时关注材料甲乙供：参照《国家电网有限公司2020年度总部集中采购目录》，

变电站构架、支架、构支架均为甲供，若在清单中出现，则违反国家电网有限公司规定。

2．金属屋面板

（1）工程量计算规则

按照屋面水平投影面积计算工程量，扣除天窗洞口、屋顶通风器洞口及单个面积在 $0.3m^2$ 以上孔洞所占面积。

（2）审查重点

扣除门窗洞口及单个面积在 $0.3m^2$ 以上孔洞所占面积，孔洞包边、收口工程量亦不增加。

（3）审查注意事项

依据图纸或设计变更，核实压型钢板厚度，招标时保温材料有品牌要求的，核实品牌、规格与型号。

3．墙板

（1）工程量计算规则

按照设计图示尺寸，以安装面积计算工程量，扣除门窗洞口及单个面积在 $0.3m^2$ 以上孔洞所占面积，包角、包边、窗台泛水、接缝、附加层等不另增加面积。

（2）审查注意事项

关注墙板最高投标限价的编制是否规范：

1）项目特征描述要完整。

2）最高投标限价单价所包含的内容与概算全费用单价口径一致，不应重复计取相关费用。装配式内外墙板按全费用综合单价列入概算，包含外墙、外墙内侧、檩条、饰面板，包梁包柱、雨棚、室外钢爬梯分摊，及运输、安装等费用。计算墙板面积时应按建筑轴线尺寸，扣除门窗及单个面积大于 $1m^2$ 孔洞所占面积，包括女儿墙面积。费用标准参照近期工程实际采购价格。

3）关注女儿墙与外墙做法工艺的差异：若有差异，调整费用。

4）关注女儿墙压顶做法，是否需要单列。

4．压型钢板

（1）工程量计算规则

按设计图示尺寸，以面积计算。

（2）审查注意事项

关注清单及最高投标限价编制是否规范：压型钢板底模注意防火、防腐涂料。

5．沉降观测点

工程量计算规则：

按设计图示个数计量。

6．其他钢结构

（1）工程量计算规则

按设计图示尺寸，以质量计算。

（2）审查注意事项

装配式内外墙板按全费用综合单价列入概算，包含外墙、外墙内侧、檩条、饰面板，包梁包柱、雨棚、室外钢爬梯分摊，及运输、安装等费用。计算墙板面积时应按建筑轴线尺寸，扣除门窗及单个面积大于 $1m^2$ 孔洞所占面积，包括女儿墙面积。费用标准参照近期工程实际采购价格。

7.1.1.7　隔墙与顶棚吊顶工程

1. 胶合板墙、金属隔断、木隔断、钢丝网墙

（1）工程量计算规则

按照主墙净长乘以净高，以平方米为单位计算工程量，扣除门窗洞口及单个面积在 $0.3m^2$ 以上孔洞所占面积。

（2）审查重点

扣除门窗洞口及单个面积在 $0.3m^2$ 以上孔洞所占面积，孔洞包边、收口工程量亦不增加。

（3）审查注意事项

关注图纸描述的墙高高于一定高度的檩条需要加强，建议在项目特征中描述，结算时不另外增加费用。

2. 顶棚吊顶

工程量计算规则：

按设计图示尺寸，以面积计算。

7.1.1.8　门窗与木作工程

1. 木门、木窗、金属门安装、金属窗安装、不锈钢门窗

（1）工程量计算规则

按照门、窗洞口面积计算。

（2）审查重点

1）门材质区分镶板门、夹板门、普通纱门、成品木门、成品纱门、成品钢木大门、成品保温门等项目，分别审核。

2）窗材质区分木窗、无框木窗、普通纱窗、成品木窗、成品无框木窗、成品纱窗、成品百叶窗等项目，分别审核。

3）金属门为成品门购置，材质区分全钢板门、玻璃钢门、钢质防盗、半截百叶钢板门、防射线门、钢质防火门、屏蔽门、铝合金门、铝合金纱门、隔热断桥铝合金门、单扇全玻地弹门、双扇全玻地弹门、隔声门、保温门、塑钢门、彩钢板门等项目，分别审核。

4）金属窗为成品购置，材质区分钢窗、钢纱窗、屏蔽窗、钢质防火窗、铝合金固定窗、铝合金推拉窗、铝合金平开窗、铝合金纱窗、铝合金百叶、隔热断桥铝合金窗、塑钢窗、彩板钢窗等项目，分别审核。

（3）审查注意事项

1）关注窗台板做法，防盗窗招标图的做法，清单项目特征中需要描述，防止招标工程量清单未描述，结算时按新增计算。

2）关注特殊门窗（如主变大门、带温控的百叶窗等）的单价。

3）标示有品牌要求的，核实门、窗的材质，对于铝合金、塑钢门、窗等要核实型材、玻璃的品牌、规格与型号，对于木门通过查阅材料进场验收单并结合现场踏勘核实油漆种类、油漆遍数等信息，对于成品门、窗要确认结算审批价是指净面积还是洞口面积以及是否包含门套费用。

2. 扶手、栏杆、栏板

（1）工程量计算规则

按设计图示尺寸，以扶手中心线长度（包括弯头长度）计算。

（2）审查注意事项

注意总结、积累不同材质栏杆单价。

7.1.1.9 地面及楼地面工程

1. 涂膜防水、防水砂浆、卷材防水

（1）工程量计算规则

按设计图示尺寸，以面积计算。

（2）审查重点

1）地面防水按照主墙间净面积计算工程量，扣除凸出地面的构筑物、设备基础等所占面积，不扣除间壁墙及单个面积在 $0.3m^2$ 以内柱、垛、附墙竖井、通风道、孔洞等所占面积。地面与墙面连接处高度在 500mm 以内的防潮、防水层按照展开面积计算工程量，并入地面工程量，高度超过 500mm 时，按照立面防潮、防水层计算工程量。

2）墙平面防潮层根据墙宽度乘以长度按照面积计算工程量，外墙长度按照中心线计算，内墙长度按照净长线计算。

3）立面防潮、防水层按照设计图示尺寸垂直投影面积计算工程量。扣除门窗洞口及单个面积大于 $0.3m^2$ 孔洞所占面积，柱、梁、垛、附墙竖井、通风道等按照展开面积计算工程量，并入立面防潮、防水工程量。门窗洞口侧面、孔洞四周侧面不计算面积。

4）搭接、翻边、附加层不另计算。

（3）审查注意事项

1）关注是否存在清单工程量编制不准确的问题：屋面与女儿墙、屋面上墙、伸缩缝、天窗交叉处弯起部分清单工程量容易计算不准确。

2）关注底板和侧墙的防水工程量，明确底板防水面积工程量计算规则、侧墙防水计算规则。

3）招标时有品牌要求的，依据材料进场报验单或由监理、业主现场工程师核实确认防水材料的材质、品牌、规格和型号，并查阅其使用说明。

2. 楼地面整体面层

（1）工程量计算规则

按照主墙间净面积计算工程量，扣除凸出地面的构筑物、设备基础、室内管道、地沟等所占面积，不扣除间壁墙及单个面积在 $0.3m^2$ 以内柱、垛、附墙竖井、通风道、孔洞所占面积。

（2）审查重点

不计算门洞、空圈、暖气包槽、壁龛等开口部分面积。

（3）审查注意事项

1）关注楼地面面积需要扣除电缆沟盖板、电缆井盖板及屏柜下孔洞面积，电缆沟盖板下方做法与地面做法不一致，单价有差异。地面面积需扣除电缆沟、电缆井盖板及屏柜下孔洞对应的工程量。

2）楼面整体面层与楼面块料面层的区别：楼面整体面层一般指水泥地面或水磨石地面；楼面块料面层一般指瓷砖、花岗石等。

3）项目特征中含垫层的，就是地面整体面层。

3. 块料地坪

工程量计算规则：

按设计图示尺寸，以面层水平投影面积计算。

4. 碎石（卵石）地坪

（1）工程量计算规则

按设计图示尺寸，以体积计算。

（2）审查注意事项

现场踏勘时，注意复测厚度。

5. 室外坡道、散水

工程量计算规则：

按设计图示坡道与散水水平投影面积之和计算，坡道与平台以两者相交线分界。

6. 台阶

（1）工程量计算规则

按设计图示尺寸，以水平投影面积计算。

（2）审查注意事项

注意与"室外坡道、散水"清单项的工程量不能重复：一般台阶处不做散水。

7. 楼梯面层

（1）工程量计算规则

按设计图示尺寸，以各层楼梯水平投影面积之和计算。

（2）审查注意事项

1）关注楼梯井较宽时，面积是否扣除。参照《电力建设工程预算定额（2018 年版）》，楼梯井宽度大于 300mm 时，面积应扣除。

2）关注楼梯与楼板的划分界限，避免出现楼板工程量计入楼梯工程量（两者单价差异较大，楼梯单价高于楼板单价）。参照《电力建设工程预算定额（2018 年版）》，楼梯与楼板的划分界限以楼梯梁的外侧为界；当整体楼梯与现浇楼板无梁连接时，以楼梯最后一个踏步外沿加 300mm 为界。

7.1.1.10　屋面与防水工程

1. 瓦屋面、卷材屋面、刚性屋面

（1）工程量计算规则

按照设计图示尺寸面积计算工程量。不扣除凸出屋面的排气管及单个面积在 $0.3m^2$

以内通风道、孔洞、屋面小气窗、斜沟等所占面积，屋面小气窗出檐部分的面积也不增加。坡屋面按照水平投影面积乘以屋面坡度延尺系数或隅延尺系数计算工程量。

（2）审查重点

依据图纸审核工程量。

（3）审查注意事项

1）关注是否存在清单工程量编制不准确的问题：屋面与女儿墙、屋面上墙、伸缩缝、天窗交叉处弯起部分清单工程量容易计算不准确。

2）核实事故油池顶部是否按施工图做屋面防水。

3）核实消防水池顶部是否按施工图做屋面防水。

2. 屋面排水

（1）工程量计算规则

按设计图示尺寸，以面积计算。

（2）审查注意事项

关注面积是否以外墙内侧净空面积计算。

7.1.1.11 保温、绝热、防腐、耐磨、屏蔽、隔声、扬尘工程

屋面保温

工程量计算规则：

按设计图示尺寸，以面积计算。

7.1.1.12 装饰工程

1. 墙面抹灰

（1）工程量计算规则

外墙按照外墙面的垂直投影面积，以平方米为单位计算工程量。扣除门窗洞口、外墙裙和大于 $0.3m^2$ 孔洞所占面积，不计算洞口四周面积，附墙垛、壁柱的侧面抹灰面积并入外墙面抹灰工程量。

内墙按照主墙间净长乘以抹灰高度，以平方米为单位计算工程量。扣除门窗洞口和空圈所占面积。不扣除踢脚板、挂镜线、$0.3m^2$ 以内孔洞和墙与构件交接处的面积，不计算洞口四周面积，附墙垛、壁柱的侧面抹灰面积并入内墙面抹灰工程量。其抹灰高度确定如下：无墙裙的抹灰高度按照室内地面或楼面计算至顶棚底面，不扣除踢脚板高度；有墙裙的抹灰高度按照墙裙顶计算至顶棚底面。墙裙高度按照室内地面或楼面计算至墙裙顶面，不扣除踢脚板高度；吊顶顶棚的内墙面抹灰，其高度按照室内地面或楼面计算至顶棚底面加 100mm。

（2）审查重点

依据图纸审核工程量。

2. 墙面涂料

工程量计算规则：

按设计图示尺寸，以面积计算。

3. 木门窗油漆

（1）工程量计算规则

按设计图示洞口尺寸，以面积计算。

（2）审查重点

按图纸计算。注意各种不同结构的工程量计算系数。

4. 金属面油漆

（1）工程量计算规则

按设计图示尺寸，以质量计算。同时规定了各类金属结构工程量的计算系数。

（2）审查重点

按图纸计算。注意各种不同结构的工程量计算系数。

（3）审查注意事项

1）关注钢结构防火最高投标限价编制是否准确：《电力建设工程预算定额（2018年版）》规定，金属除锈、油漆工程量按照其制作或安装工程量乘以相应系数计算（钢梁、钢柱、钢走道板、钢平台、车挡、檩条、单轨吊车梁的系数为0.65），即最高投标限价清单综合单价人、材、机组成表中，组价工程量需乘以相应系数。

2）关注钢结构防腐最高投标限价编制是否准确：《电力建设工程预算定额（2018年版）》规定，金属除锈、油漆工程量按照其制作或安装工程量乘以相应系数计算（钢梁、钢柱、钢走道板、钢平台、车挡、檩条、单轨吊车梁的系数为0.65），即最高投标限价清单综合单价人、材、机组成表中，组价工程量需乘以相应系数。

5. 抹灰面油漆

（1）工程量计算规则

按设计图示尺寸，以面积计算。

（2）审查重点

按图纸计算。注意各种不同结构的工程量计算系数。

6. 顶棚抹灰

（1）工程量计算规则

按设计图示尺寸，以面积计算。

（2）审查注意事项

1）工程量小于建筑面积。

2）关注梁侧抹灰是否漏计。

3）若涉及下翻梁侧模板，工程量可能增加。

4）注意与地面整体面层清单项工程量的匹配：应与地面整体面层面积相近。

7. 外墙面装饰

（1）工程量计算规则

按设计图示尺寸，以面积计算。

（2）审查注意事项

关注石材厚度是否按设计尺寸。

8. 内墙面装饰

工程量计算规则：

按设计图示尺寸，以面积计算。

9. 钢结构防火

（1）工程量计算规则

按设计图示尺寸，以质量计算。

（2）审查注意事项

1）檩条防火要求以设计图纸及现场实际为准。一般檩条不喷涂防火涂料。

2）关注钢结构防火最高投标限价编制是否准确：《电力建设工程预算定额（2018 年版）》规定，金属除锈、油漆工程量按照其制作或安装工程量乘以相应系数计算（钢梁、钢柱、钢走道板、钢平台、车挡、檩条、单轨吊车梁的系数为 0.65），即最高投标限价清单综合单价人、材、机组成表中，组价工程量需乘以相应系数。

3）防火（防腐）工程量≤钢结构重量。

4）关注设计图纸中楼承板底模的防火（腐）要求，核实是否有清单（项目特征描述）漏项情况。

10. 钢结构防腐

（1）工程量计算规则

按设计图示尺寸，以质量计算。

（2）审查注意事项

1）关注钢结构防腐最高投标限价编制是否准确：《电力建设工程预算定额（2018 年版）》规定，金属除锈、油漆工程量按照其制作或安装工程量乘以相应系数计算（钢梁、钢柱、钢走道板、钢平台、车挡、檩条、单轨吊车梁的系数为 0.65），即最高投标限价清单综合单价人、材、机组成表中，组价工程量需乘以相应系数。

2）防火（防腐）工程量≤钢结构重量。

3）关注设计图纸中楼承板底模的防火（腐）要求，核实是否有清单（项目特征描述）漏项情况。

7.1.1.13 构筑物工程

1. 围墙

（1）工程量计算规则

1）按"m^2"计量时，按设计图纸尺寸以面积计算。

2）按"m^3"计量时，按设计图纸尺寸以体积计算。

（2）审查注意事项

装配式围墙钢筋不另计算。

2. 围墙大门

工程量计算规则：

按设计图示大门洞口面积计算。

3. 室外混凝土沟道、隧道

工程量计算规则：

按设计图示尺寸，以中心线长度计算。

4. 井、池

（1）工程量计算规则

按设计图示尺寸，以净空体积（容积）计算。

（2）审查注意事项

关注工程量清单编制质量：是否标注清楚体积的计算规则，是净空体积还是容积，避免结算时产生争议。

7.1.1.14 给水与排水工程

1. 室外排水管道

（1）工程量计算规则

按设计图示尺寸，以长度计算。

（2）审查注意事项

1）本清单项是指室外消防水管道的材料费、安装费。

2）关注管道界限划分：若设计图纸已明确划分界限，以图纸为准，否则，参照《电网工程建设预算编制与计算规定（2018年版）》。

①给水管道：

室内外管道以建筑物外1m分界，管道进建筑物入口处设有阀门者以阀门分界。

与外接工业水源管道以水表井分界。无水表井者，以与外界工业水源管道接头点分界。

②排水管道：

室内外管道以出户第一个排水检查井分界。

室外管道与外接工业管道以污水流量计分界。无污水流量计者，以与外接工业管道接头点分界。

3）应按图纸结合现场实际，按实际长度结算。

2. 给水排水（配电装置室）

（1）工程量计算规则

按设计图示尺寸，以建筑面积计算。

（2）审查注意事项

1）本清单项费用与投标人采购设备计价表是否存在重复计取设备费用：本清单项只计给水排水设备的安装及材料费，设备费用应计入投标人采购设备计价表。

2）设备与材料性质划分：参照《电网工程建设预算编制与计算规定（2018年版）》，建筑工程中给水排水、采暖、通风、空调、消防、采暖加热（制冷）站（或锅炉）的风机、空调机（包括风机盘管）和水泵属于设备；参照《电力建设工程预算定额（2018年版）》，吊风扇、壁扇、轴流排气扇、照明配电箱、配电盘、配电柜按照设备考虑。

3. 井、池（窨井、污水调节水池、水表井）

（1）工程量计算规则

按设计图示尺寸，以净空体积（容积）计算。

（2）审查注意事项

应在现场核对数量，按体积计算时应测量深度。

4. 给水排水（事故油池）

（1）工程量计算规则

按设计图示尺寸，以建筑面积计算。

（2）审查注意事项

1）本清单项含室内管道材料费、安装费。室外消防水管道费用列入"室外给水排水管道"清单项。

2）关注管道界限划分：若设计图纸已明确划分界限，以图纸为准，否则，参照《电网工程建设预算编制与计算规定（2018年版）》。

①给水管道：

室内外管道以建筑物外1m分界，管道进建筑物入口处设有阀门者以阀门分界。

与外接工业水源管道以水表井分界。无水表井者，以与外界工业水源管道接头点分界。

②排水管道：

室内外管道以出户第一个排水检查井分界。

室外管道与外接工业管道以污水流量计分界。无污水流量计者，以与外接工业管道接头点分界。

5. 排管浇筑

（1）工程量计算规则

按设计图示尺寸，以排管体积减内衬管体积计算。

（2）审查注意事项

注意排管浇筑工程量要扣除内衬管所占体积。

6. 室外生活给水管道

（1）工程量计算规则

按设计图示尺寸，以长度计算。

（2）审查注意事项

应按图纸结合现场实际，按实际长度结算。

7.1.1.15 照明与防雷接地工程

照明及接地：

（1）工程量计算规则

按设计图示尺寸，以建筑面积计算。

（2）审查注意事项

1）本清单项费用与投标人采购设备计价表是否存在重复计取设备费用：本清单项只

计照明及接地设备的安装及材料费，设备费用应计入投标人采购设备计价表。

2）设备与材料性质划分：参照《电网工程建设预算编制与计算规定（2018年版）》，建筑工程中给水排水、采暖、通风、空调、消防、采暖加热（制冷）站（或锅炉）的风机、空调机（包括风机盘管）和水泵属于设备；参照《电力建设工程预算定额（2018年版）》，吊风扇、壁扇、轴流排气扇、照明配电箱、配电盘、配电柜按照设备考虑。

3）核实本清单项屋顶避雷系统接地与电气安装部分的接地工程是否存在重复计费的内容；本清单项屋顶避雷系统接地适用于建筑物的避雷网接地；电气安装部分的接地工程适用于全站主接地网接地装置、全站接地引下线。

4）核实该清单项与电气安装部分的照明及接地安装工程是否存在重复计费的内容：该清单项是指户内照明；电气安装部分的照明及接地安装工程是指全站户外场地照明。

7.1.1.16 消防工程

1. 水灭火系统、消火栓、气体（泡沫）灭火系统

（1）工程量计算规则

按设计图示数量，以套计算。

（2）审查重点

依据图纸审核工程量，工作内容含安装费和辅材，设备费另行计取。

（3）审查注意事项

1）本清单项包含消火栓的材料费和安装费。

参照《电力建设工程预算定额（2018年版）》，水灭火装置（消火栓、水泵接合器、自动喷淋水管网）、气体灭火管道、系统组件（喷头、阀门）、消防线缆、消防线缆桥架等材料费，不包括隔膜式气压水罐、气体贮存装置、二氧化碳称重捡漏装置、泡沫发生器、比例混合器、火灾探测装置、模块（接口）、火灾报警装置、消防广播、消防交换机、消防备用电源等设备费。

2）注意：灭火器的甲乙供问题。一般情况是乙供，若出现甲供，需核对招标人采购材料（设备）计价表是否计列。

2. 消防井、池

（1）工程量计算规则

按设计图示尺寸，以净空体积（容积）计算。

（2）审查注意事项

1）核实消防水池顶部是否按施工图做屋面防水。

2）关注清单编制质量：是否标注清楚体积的计算规则，是净空体积还是容积，避免结算时产生争议。

3. 室外消防水管道

（1）工程量计算规则

按设计图示尺寸，以长度计算。

（2）审查注意事项

1）关注给水管道界限划分，参照《电网工程建设预算编制与计算规定（2018年版）》。

①给水管道：

室内外管道以建筑物外 1m 分界，管道进建筑物入口处设有阀门者以阀门分界。

与外接工业水源管道以水表井分界。无水表井者，以与外界工业水源管道接头点分界。

②排水管道：

室内外管道以出户第一个排水检查井分界。

室外管道与外接工业管道以污水流量计分界。无污水流量计者，以与外接工业管道接头点分界。

2）应按图纸结合现场实际，按实际长度结算。

4. 消防水池给水排水

（1）工程量计算规则

按设计图示尺寸，以建筑面积计算。

（2）审查注意事项

1）本清单项含室内水管道材料费、安装费。室外消防水管道费用列入"室外消防水管道"清单项。

2）关注给水管道界限划分：若设计图纸已明确划分界限，以图纸为准，否则，参照《电网工程建设预算编制与计算规定（2018 年版）》。

①给水管道：

室内外管道以建筑物外 1m 分界，管道进建筑物入口处设有阀门者以阀门分界。

与外接工业水源管道以水表井分界。无水表井者，以与外界工业水源管道接头点分界。

②排水管道：

室内外管道以出户第一个排水检查井分界。

室外管道与外接工业管道以污水流量计分界。无污水流量计者，以与外接工业管道接头点分界。

5. 水泵

（1）工程量计算规则

按设计图示数量计算。

（2）审查注意事项

本清单项是水泵的安装费，相应的设备费列入投标人采购设备计价表。

7.1.1.17　通风与空调、除尘工程

通风与空调：

（1）工程量计算规则

按设计图示尺寸，以建筑面积计算。

（2）审查注意事项

1）本清单项费用与投标人采购设备计价表是否存在重复计取设备费：本清单项只计照明及接地设备的安装及材料费，设备费用应计入投标人采购设备计价表。

2）设备与材料性质划分：参照《电网工程建设预算编制与计算规定（2018年版）》，建筑工程中给水排水、采暖、通风、空调、消防、采暖加热（制冷）站（或锅炉）的风机、空调机（包括风机盘管）和水泵属于设备；参照《电力建设工程预算定额（2018年版）》，吊风扇、壁扇、轴流排气扇、照明配电箱、配电盘、配电柜按照设备考虑。

7.1.1.18 临时工程

1. 施工电源

（1）工程量计算规则

按线路长度（亘长）计算工程量。

（2）审查重点

依据图纸、批准的专项施工方案审核工程量。

2. 施工水源

（1）工程量计算规则

按管道长度计算工程量。

（2）审查重点

依据图纸、批准的专项施工方案审核工程量。

3. 施工道路

（1）工程量计算规则

按照道路体积计算。体积＝面积×厚度。面积按照水平投影面积计算，有路缘石的道路按照路缘石内侧计算面积，厚度为基层、底层、面层三层之和。不扣除路面上雨水口所占体积。

（2）审查重点

计算道路工程量时，不扣除路面上雨水井、给水排水井、消火栓井等所占面积，道路由此增加的工料也不计算。

（3）审查注意事项

1）工程量按面层的投影面积计算，而非基层或垫层的投影面积。

2）若本清单项包含垫层的塘渣回填工作，注意是否存在与场地平整（三通一平）中的回填方重复计取。

3）应现场核对道路宽度及布置位置是否与图纸一致。

4）进站道路实际情况和图纸可能存在布置上的差异，建议结算按现场实量计算。

4. 施工通信线路

（1）工程量计算规则

按线路长度计算工程量。

（2）审查重点

依据图纸、批准的专项施工方案审核工程量。

7.1.1.19 配电装置室专项

1. 变压器油池

工程量计算规则：

按设计图示尺寸以体积计算。高度从油池底板顶标高算至油池壁顶标高，面积＝油池净空长×油池净空宽。不扣除设备基础、油箅子及油池卵石所占体积。

2. 变压器油池油箅子

工程量计算规则：

按设计图示尺寸，以面积计算。

7.1.2 变电建筑工程措施项目工程结算审查

本小节对施工排水、降水，围护桩、围堰，脚手架工程，垂直运输工程等措施项目进行具体分析。

7.1.2.1 施工排水、降水

1. 井点降水系统安拆

（1）工程量计算规则

喷射井点：根数根据施工组织设计确定，施工组织设计无规定时，按照 2.5m/根计算。

大口径井点：1 根为一套，井管根数根据施工组织设计确定。

轻型井点：井管根数根据施工组织设计确定，施工组织设计无规定时，按照 1.4m/根计算。

（2）管理规定

设计单位应在设计文本中对施工降水、基坑围护、围堰等措施方案进行详细描述，满足相应工程量及费用计算要求，严禁估列费用。

（3）审查重点

依据图纸、地勘报告、批准的专项施工方案以及降水系统运行记录审核工程量。

2. 井点降水系统运行

（1）工程量计算规则

按照每套降水系统累计运行 24h 计算。

（2）管理规定

设计单位应在设计文本中对施工降水、基坑围护、围堰等措施方案进行详细描述，满足相应工程量及费用计算要求，严禁估列费用。

（3）审查重点

1）依据图纸、地勘报告、批准的专项施工方案以及降水系统运行记录审核工程量。

2）工程量审核时除需要现场签证作为依据外，需要依据经审批的降水方案、降水系统运行记录等核实具体工程量。

7.1.2.2 围护桩、围堰

1. 打拔钢板桩

（1）工程量计算规则

按设计图示尺寸，以质量计算。

（2）管理规定

设计单位应在设计文本中对施工降水、基坑围护、围堰等措施方案进行详细描述，满足相应工程量及费用计算要求，严禁估列费用。

（3）审查重点

1）依据图纸、地勘报告、打桩记录审核工程量，存在特殊情况的需补充特殊专项施工方案（如钢板桩无法拔出、永久支护）。

2）围檩、支撑与钢板桩使用同种材料的，并入钢板桩清单工程量。围檩、支撑采用钢筋混凝土，且后期需拆除的另执行其他相关清单。

（4）审查注意事项

1）根据经业主、监理、设计审核通过的施工方案，按图纸尺寸计算工程量。

2）若重新组价，注意钢支撑、围檩单价的组价，组价中不含制作费用〔参照《电力建设工程预算定额（2018 年版）》，打拔钢板桩、钢管桩按照设计成品重量，以"t"为单位计算工程量〕。

3）具体要看建（构）筑物挖土深度与支护方案是否匹配，关注结算时提供现场支护的照片、施工方案等。

2. 围堰

（1）工程量计算规则

按照设计或批准的施工组织设计规定的成品方体积计算。

（2）管理规定

设计单位应在设计文本中对施工降水、基坑围护、围堰等措施方案进行详细描述，满足相应工程量及费用计算要求，严禁估列费用。

（3）审查重点

依据图纸、批准的专项施工方案审核工程量。

7.1.2.3 脚手架工程

1. 脚手架

（1）工程量计算规则

按电力建设工程建筑体积计算规则计算。

（2）管理规定

1）为方便合理报价，便于最高投标限价、投标报价与施工图预算进行对比分析，本清单模板将规范国家电网有限公司企业标准《变电工程工程量计算规范》Q/GDW 11338—2023）包含在清单项目工作内容中的脚手架搭拆、垂直运输等措施项目单独设置措施项目清单。已经招标工程按招标文件、合同约定结算。

2）参照《输变电工程招标工程量清单及最高投标限价编制原则》：变电站建筑工程中脚手架搭拆、垂直运输不再包含在分部分项工程量清单工作内容内，在措施项目清单（二）中设置清单项目。

2. 满堂脚手架

（1）工程量计算规则

按电力建设工程建筑面积计算规则计算。

（2）审查注意事项

注意满堂脚手架费用的计取条件：参照《电力建设工程预算定额（2018年版）》规定，综合脚手架定额综合了施工过程中各分部分项工程应搭设脚手架的全部因素。除室内高度大于3.6m，顶棚吊顶应单独计算满堂脚手架外，执行综合脚手架定额的工程，不再计算其他单项脚手架。

7.1.2.4 垂直运输工程

垂直运输

工程量计算规则：

按电力建设工程建筑体积计算规则计算。

7.1.2.5 临时支护工程

钢板桩：

（1）工程量计算规则

按设计图示尺寸，以质量计算工程量。

（2）管理规定

设计单位应在设计文本中对施工降水、基坑围护、围堰等措施方案进行详细描述，满足相应工程量及费用计算要求，严禁估列费用。

（3）审查注意事项

1）根据经业主、监理、设计审核通过的施工方案，按图纸尺寸计算工程量。

2）若重新组价，注意钢支撑、围檩单价的组价，组价中不能有制作费用〔参照《电力建设工程预算定额（2018年版)》，打拔钢板桩、钢管桩按照设计成品重量，以"t"为单位计算工程量〕。

3）具体要看建（构）筑物挖土深度与支护方案是否匹配，关注结算时提供现场支护的照片、施工方案等。

7.2 变电安装工程分部分项工程结算审查

本小节对变压器，配电装置，母线、绝缘子，控制继电保护屏及低压电器，交直流电源，电缆，照明及接地，通信工程，调试等安装分部分项工程进行具体分析。

7.2.1 变压器

1. 变压器

（1）工程量计算规则

按设计图示数量计算。三相一体的变压器为一台，单相变压器，每单相为一台。

（2）管理规定

1）根据《电力建设工程预算定额（2018年版）第三册 电气设备安装工程》总说明，本定额包括的工作内容，除各章另有说明外，均包括施工准备，设备开箱检查，场内运搬，脚手架搭拆、设备及装置性材料安装，设备标识牌安装，施工结尾、清理、整理、编制竣工资料，配合分系统试运行、质量检验及竣工验收等。除需单独计列的特殊试验项目外，定额中已经包括相应的单体调试。单体调试是指设备在未安装时或安装工作结束而未与系统连接时，按照电力建设施工及验收技术规范的要求，为确认其是否符合产品出厂标准和满足实际使用条件而进行的单机试运行或单体调试工作。场内运搬是指设备、装置性材料及器材从施工组织设计规定的现场仓库或堆放地点运至施工操作地点的水平及垂直运搬。地下变电站垂直运搬另计。

2）根据《电力建设工程预算定额（2018年版）第三册 电气设备安装工程》，三相变压器和单相变压器安装，工作内容含接地。

3）根据《变电工程工程量计算规范》Q/GDW 11338—2023，变压器工作内容不含接地，接地内容计入"照明及接地安装工程"中的"全站接地引下线"清单项。

4）根据《变电工程工程量计算规范》Q/GDW 11338—2023，变压器工作内容含引下线安装。

根据《电力建设工程预算定额（2018年版）第三册 电气设备安装工程》，未计价材料包括接地引下线、设备间连接线、引下线、金具。

5）根据《电力建设工程预算定额（2018年版）第三册 电气设备安装工程》，三相变压器和单项变压器安装适用于油浸式变压器、自耦变压器安装；带负荷调压变压器安装执行同电压、同容量变压器安装定额，其定额人工费乘以系数1.1；变压器的散热器分体布置时定额人工费乘以系数1.1。

6）根据《电力建设工程预算定额（2018年版）第三册 电气设备安装工程》，110kV及以上设备安装在户内时定额人工费乘以1.3。

（3）审查重点

区分主变、电抗器是分相三台还是三相一体。

（4）审查注意事项

1）注意设备接地与主接地网的界限划分：查阅设计图纸全站防雷、接地卷册，确定主接地网范围。

2）结算中容易出现多计设备接地、单体调试等内容。

3）注意接地引下线的材料费、安装费与"全站接地引下线"清单项是否重复。

4）注意最高投标限价编制是否按定额要求乘以相应系数。

5）变压器安装清单工作内容包含引下线安装，若存在不与设备或母线配套安装或同期安装的，需单独安装的引下线、跳线及设备连引线，需单独列入"引下线、跳线及设备连引线"清单子项，多见于变电站整体改造等工程。

2. 电抗器

（1）工程量计算规则

以组为计量，按设计图示数量计算，三相为一组；以台为计量，按设计图示数量计算，单相为一台。

（2）审查重点

区分主变、电抗器是分相三台还是三相一体。

（3）审查注意事项

电抗器清单项目适用于各种型号规格、容量及用途的电抗器。

3. 消弧线圈

（1）工程量计算规则

按设计图示数量计算，单相为一台。

（2）管理规定

1）根据《电力建设工程预算定额（2018 年版）第三册 电气设备安装工程》，屏（柜）箱安装、智能组件安装工作内容均包括屏、柜内元器件安装及校线。

2）根据《变电工程工程量计算规范》Q/GDW 11338—2023，"控制及保护盘台柜"适用于各种保护、自动装置、计量计费与采集、远动、故障录波、合并单元、智能终端、中央信号、智能汇控、智能控制等各种类型的装置屏柜。

（3）审查重点

区分主变、电抗器是分相三台还是三相一体。

4. 箱式变电站

（1）工程量计算规则

按设计图示数量计算。

（2）审查重点

图纸工程量与物资清单工程量不一致时，现场踏勘核实工程量，调整物资领料。

5. 绝缘油过滤

（1）工程量计算规则

按设备铭牌标称油量计算。

（2）审查重点

1）变压器、电抗器按设备铭牌标称油量计算，结算审核时不单纯按图纸标识计算，进行现场复核。

2）油断路器及其他充油设备需借用本清单时，工程量按照制造厂规定的充油量计算。

6. 中性点接地成套设备

（1）工程量计算规则

按设计图示数量计算。

（2）管理规定

根据《电力建设工程预算定额（2018 年版）第三册 电气设备安装工程》，110kV 及以上设备安装在户内时定额人工费乘以 1.3。

（3）审查注意事项

注意人材机组成表，"引下线"组价时，一套的系数是 0.33。

7. 软母线

（1）工程量计算规则

按设计图示跨数计算。

（2）审查注意事项

软母线清单包含耐张绝缘子串安装，注意是否重复列项。

8. 绝缘铜管母线

（1）审查注意事项

本清单应选用 C17 管型母线。

（2）管理规定

根据《变电工程工程量计算规范》Q/GDW 11338—2023，管型母线用于支撑式管母时，以"m"为单位计量，用于悬挂式管母时，以"跨/三相"为单位计量。

9. 带型母线

（1）工程量计算规则

按设计图示单项中心线延长米计算，不扣除附件所占长度。

（2）管理规定

根据《电力建设工程预算定额（2018 年版）第三册 电气设备安装工程》，带形铜母线、钢母线安装，执行同截面铝母线定额子目乘以系数 1.4。

（3）审查注意事项

1）注意人材机组成表，每相片数不同，套用的定额不同；材料量需根据每相片数折算。

2）注意人材机组成表，铜母线、钢母线，执行同截面铝母线定额子目乘以系数 1.4。

3）注意项目特征中每相片数是否正确，结算量是否与项目特征匹配。

7.2.2 配电装置

1. 组合电器 GIS/HGIS/COMPASS

（1）工程量计算规则

按设计图示数量"台"计算。

（2）审查重点

1）按图纸审核工程量，GIS（带断路器）/HGIS/COMPASS 安装每台为三相，以断路器数量计算；GIS（不带断路器）安装以母线电压互感器和避雷器之和为一组计算工程量，每组为一台；预留的组合电器，前期先建隔离开关，每间隔为一台。

2）工作内容不包括组合电器的无尘化设施（例如无尘化车间），依据经批准的施工方案计列。

3）工作内容中不包括断路器的金属平台和爬梯的制作安装。

4）组合电器 GIS 因出线等原因分支母线较正常布置高出较多时，安装费可单独计列，执行 GIS 母线清单项。

（3）管理规定

1）根据《电力建设工程预算定额（2018 年版）第三册 电气设备安装工程》，SF_6 全封闭组合电器（GIS）安装工作内容中含分支母线安装；SF_6 全封闭组合电器（GIS）主母线安装执行单独的定额。

2）根据《电力建设工程概预算定额（2018 年版）使用指南第三册 电气设备安装工程》，GIS 分支母线安装不需执行 GIS 主母线安装定额，已包含在 GIS 安装中。

3）根据《国家电网有限公司电力建设定额站关于颁布〈GIS 无尘室安装补充定额（试

行）等 2 项补充定额的通知〉》（国家电网电定〔2021〕4 号），本补充定额适用于 110～750kV 户外新建变电站工程搭建无尘室进行组合电器无尘化施工费用的计列。

（4）审查注意事项

1）注意人材机组成表，根据是否带断路器，正确套用定额。

2）变更、签证中经常出现设备本体连接电缆安装，结算时不应单列清单项。

3）组合电器清单项目适用于 SF_6 全封闭组合电器、复合式组合电器、空气外绝缘高压组合电器、敞开式组合电器等各种型号规格及用途的组合电器。

4）组合电器的金属平台和爬梯的制作安装、电容式电压互感器抽压装置支架及防雨罩的制作安装，需要时执行相应的清单项目。

5）断路器的二次灌浆，需要时执行建筑工程工程量清单项目及计算规则的相应内容。

6）扩建工程 GIS 设备安装不应套用无尘安装补充定额。

7）关注最高投标限价、联系单结算及重组综合单价情形，结算时注意分支母线与主母线的区别，主母线单独套用主母线安装定额；分支母线不需执行主母线安装定额。

8）注意进出线形式：若是电缆进出线，则不存在进出线套管。

2. 断路器、隔离开关、电压互感器、电流互感器、避雷器、电容器、过电压保护器、耦合电容器等

（1）工程量计算规则

按设计图示数量计算。

（2）审查重点

1）依据电气主接线图、无功补偿图、电容器成套安装图、设备材料清册等设计文件审核工程量。

2）图纸工程量与物资清单工程量不一致时，现场踏勘核实工程量，调整物资领料。

（3）审查注意事项

1）按招标工程量清单区分不同型号规格的成套高压开关柜，如 PT 柜、进线柜、电容器柜等，若招标工程量清单未区分，结算时按综合型号考虑。

2）注意人材机组成表，根据电容器是否为成套装置，正确套用定额。

3）电容器网门安装费用计入电容器清单或单列清单项。

3. 成套高压配电柜

（1）工程量计算规则

按设计图示数量计算。

（2）审查注意事项

注意人材机组成表，根据开关柜类型，正确套用定额。

4. 共箱母线

（1）工程量计算规则

按设计图示尺寸，以长度计算。不扣除附件所占长度。

（2）管理规定

1）根据《电网工程建设预算编制与计算规定（2018 年版）》，在划分设备与材料时，对同一品名的物品不应硬性确定为设备或材料，而应根据其供应或使用情况分别确定。

2）根据《电网工程建设预算编制与计算规定（2018 年版）》，配电系统的断路器、电抗器、电流互感器、电压互感器、隔离开关属于设备，封闭母线、共箱母线、管形母线、软母线、绝缘子、金具、电缆、接线盒等属于材料。

（3）审查注意事项

封闭母线、共箱母线一般由厂家提供，而非施工单位提供，结算时不计投标人采购材料费。

5. 铁构件

工程量计算规则：

按设计图示尺寸，以质量计算。

7.2.3 母线、绝缘子

1. 悬垂绝缘子串、支柱绝缘子、穿墙套管

（1）工程量计算规则

按设计图示数量计算。

（2）审查重点

1）依据配电装置图、设备材料清册等设计文件审核工程量。

2）图纸工程量与物资清单工程量不一致时，现场踏勘核实工程量，调整物资领料。

2. 软母线

（1）工程量计算规则

按设计图示数量计算，三相为一跨。

（2）审查重点

1）依据主变图纸、配电装置断面图、设备材料清册等设计文件审核工程量。

2）招标工程量清单项目特征是否区分单分裂、多分裂及导线型号，若未区分，结算亦不区分。

（3）审查注意事项

1）审查注意点："软母线清单包含耐张绝缘子串安装，注意是否重复列项"。

2）按招标工程量清单区分单分裂、多分裂及导线型号，若招标时未区分，结算时应不调整。

3. GIS 母线

（1）工程量计算规则

按设计图示 GIS 主母线中心线（不折单）长度计算。

（2）审查重点

1）清单工程量计算规则同《电力建设工程预算定额（2018 年版）》计算规则。

2）GIS 母线安装以"m"为计量单位，指三相。未包括单独安装的分支母线及进出线套管设备支架。

3）由于母线、绝缘子所涉及的材料在变电站投运后已带电或邻近带电设施，不具备现场复核尺寸的可能，建议施工过程中由建设管理单位、监理单位、施工单位核查并确认

工程量。

4）共箱母线工程量审核结合物资供货量等资料确定。

7.2.4 控制继电保护屏及低压电器

1. 继电保护屏（柜）、控制屏（柜）

（1）工程量计算规则

按设计图示数量计算。

（2）管理规定

1）根据《电力建设工程预算定额（2018年版）第三册 电气设备安装工程》，屏（柜）箱安装、智能组件安装工作内容均包括屏、柜内元器件安装及校线。

2）根据《变电工程工程量计算规范》Q/GDW 11338—2023，"控制及保护盘台柜"适用于各种保护、自动装置、计量计费与采集、远动、故障录波、合并单元、智能终端、中央信号、智能汇控、智能控制等各种类型的装置屏柜。

（3）审查重点

1）清单工程量计算规则同《电力建设工程预算定额（2018年版）》计算规则。

2）按设计图示数量计算。

3）保护屏、控制屏的划分规则可参考《电力建设工程预算定额（2018年版）》及指南相关规定。

4）控制屏（柜）安装以"台"为计量单位，模拟屏安装以"m^2"为计量单位。

（4）审查注意事项

本清单项的数量应与设计施工图中的主要设备材料清册中"主变保护测控柜、110kV GIS智能控制柜、网络分析仪屏、故障录波器屏"数量保持一致。

2. 计算机监控系统

（1）工程量计算规则

按站计算。

（2）管理规定

根据《变电工程工程量计算规范》Q/GDW 11338—2023，就地安装于一次设备本体的合并单元、智能终端及保护、测控等各种装置，其单体调试工作包含在"计算机监控系统"中。

3. 防误闭锁系统

工程量计算规则：

按站计算。

4. 同步时钟系统

（1）工程量计算规则

按站计算。

（2）审查注意事项

核查设计施工图中的主要设备材料清册中是否有"时间同步系统柜"。

5. 智能辅助控制系统

（1）工程量计算规则

按站计算。

（2）审查注意事项

1）关注智能辅助控制系统埋管、埋线的安装是否与建筑部分重复（如核查建筑清单"照明及接地"清单项的内容及范围是否包含智能辅助控制系统预埋管）。

2）注意是否由厂家安装，最高投标限价中是否多计安装费。

7.2.5 交直流电源

1. 蓄电池支架、蓄电池、整流电源

（1）工程量计算规则

按设计图示数量计算，数量以长度计算。

（2）管理规定

根据《电力建设工程概预算定额使用指南（2018 年版）第三册 电气设备安装工程》，蓄电池柜的安装仅指机柜安装，定额不包括柜内蓄电池的安装与接线。

（3）审查重点

审核规则同《电力建设工程预算定额（2018 年版）》计算规则。

（4）审查注意事项

本清单项的数量应与设计施工图中的主要设备材料清册中"直流蓄电池柜"数量保持一致。

2. 交直流配电盘台柜

（1）工程量计算规则

按设计图示数量计算。

（2）审查注意事项

本清单项的数量应与设计施工图中的主要设备材料清册中"交流电源柜、直流充电柜、直流馈电柜、逆变电源柜"数量保持一致。

3. 三相不间断电源装置

（1）工程量计算规则

按设计图示数量计算。

（2）审查注意事项

本清单项的数量应与设计施工图中的主要设备材料清册中"UPS 电源柜"数量保持一致。

7.2.6 电缆

1. 电力电缆、控制电缆

（1）工程量计算规则

按设计图示尺寸、数量计算。

（2）管理规定

1）根据《变电工程工程量计算规范》Q/GDW 11338—2023，本清单项工作内容包含终端制作安装。

2）根据《电力建设工程预算定额（2018 年版）第三册 电气设备安装工程》，厂站内35kV 及以上电力电缆敷设、电缆头制作安装、试验等，发生时均执行《电力建设工程预算定额（2018 年版）第五册 电缆输电线路工程》相应定额子目。

（3）审查重点

1）图纸工程量与物资清单工程量不一致时，施工过程中由建设管理单位、监理单位、施工单位核查并确认工程量，调整物资领料。

2）注意与建筑工程电力电缆界面划分，不重复计列、不漏计。

3）结算审核注意的问题：若招标工程量清单中电缆型号未标明，结算时按综合型号考虑。电缆头属于综合单价组价内容，结算时不予调整。

（4）审查注意事项

1）本清单项的数量应与"装置性材料汇总表"中相应规格的电缆数量保持一致。

2）本清单项包含的电缆一般用于接地变开关柜～消弧线圈接地变成套装置之间、电容器开关柜～电容器成套装置之间的高压电缆。

3）若招标工程量清单中电缆型号未标明，结算时应按综合型号考虑。

4）电缆头属于综合单价组价内容，结算时应不予调整。

5）区分照明部分的电缆，不能与建筑工程重复。

6）站外电力电缆的相关工作可参照执行输变电工程工程量清单计价规范。

7）控制电缆清单项目也适用于热工控制电缆、屏蔽电缆清单项目。

8）电缆敷设遇有在水底、井下施工时，另在措施项目清单中考虑相关费用。

9）电缆敷设、安装时需要制作隔热层、保护层时，可以在措施项目清单中考虑相关费用。

2. 1kV 及以下电力电缆

（1）工程量计算规则

按设计图示长度计算。

（2）管理规定

根据《变电工程工程量计算规范》Q/GDW 11338—2023，本清单项工作内容包含终端制作安装。

（3）审查注意事项

1）本清单项的数量应与"屋外照明平面布置图"中的导线数量一致。

2）关注是电缆还是电线，适用的定额不同。

3）注意区分户外、户内照明，泵房照明应列入建筑工程中。

4）本清单项的数量应与设计施工图中电缆清册中相应规格的电缆数量保持一致。

3. 1kV 以上电力电缆

（1）工程量计算规则

按设计图示长度计算。

（2）管理规定

1）根据《变电工程工程量计算规范》Q/GDW 11338—2023，本清单项工作内容包含终端制作安装。

2）根据《电力建设工程预算定额（2018年版）第三册 电气设备安装工程》，厂站内35kV及以上电力电缆敷设、电缆头制作安装、试验等，发生时均执行《电力建设工程预算定额（2018年版）第五册 电缆输电线路工程》相应定额子目。

（3）审查注意事项

1）本清单项数量应与"装置性材料汇总表"中相应规格的电缆数量保持一致。

2）本清单项包含的电缆一般用于接地变开关柜～消弧线圈接地变成套装置之间、电容器开关柜～电容器成套装置之间的高压电缆。

4. 电缆支架、电缆桥架

（1）工程量计算规则

按设计图示尺寸、数量计算。

（2）审查重点

1）钢质电缆支架安装以"t"为计量单位，包括各种连接件重量；复合电缆支架安装以"副"为计量单位。

2）电缆桥架（托盘、槽盒）安装，钢质电缆桥架、槽盒、托盘安装以"t"为计量单位，铝合金桥架、复合桥架、托盘安装以"m"为计量单位，均按生产厂家供成套成品、现场直接安装考虑。

（3）审查注意事项

1）常用电缆支架形式：自承式电缆支架、钢支架、铝合金支架。

2）本清单项数量应与设计图纸"电缆敷设和防火封堵"卷册中的数量一致。

3）区分材质和型号。

4）钢组合支架应选用电缆桥架清单项目。

5）电缆桥架、托盘、槽盒均按生产厂供应成品考虑，项目工作内容中只需考虑现场安装。

6）电缆桥架工程量计算时遇有"m"或"t"时，均要包括各种相应连接件等的长度与重量。

5. 直埋电缆沟挖填土

（1）工程量计算规则

按设计图示尺寸、数量，以体积计算。

（2）审查重点

依据设计文件或签证确认工程量。

6. 电缆保护管

（1）工程量计算规则

按设计图示长度计算。

（2）审查注意事项

本清单项数量应与"屋外照明平面布置图"中的电缆保护管数量一致。

7. 控制电缆

（1）工程量计算规则

按设计图示长度计算。

（2）管理规定

根据《变电工程工程量计算规范》Q/GDW 11338—2023，本清单项工作内容包含终端制作安装。

（3）审查注意事项

本清单项数量应与电缆清册中相应规格的电缆数量保持一致。

8. 电缆防火设施

（1）工程量计算规则

1）以"m"计量，按设计图示长度计算。

2）以"m^2"计量，按设计图示尺寸以面积计算。

3）以"m^3"计量，按设计图示尺寸以体积计算。

4）以"t"计量，按设计图示尺寸以质量计量。

（2）审查注意事项

本清单项数量应与设计图纸"电缆敷设和防火封堵"卷册中的数量一致。

7.2.7 照明及接地

1. 户外照明、接地极制作安装、接地母线敷设、架空避雷线、构架接地、阴极保护井

（1）工程量计算规则

按设计图示尺寸、数量计算。

（2）审查重点

1）审核规则同《电力建设工程预算定额（2018 年版）》计算规则。

2）按设计图示数量计算。

3）注意与建筑工程接地界面划分，不重复计列、不漏计。

（3）审查注意事项

1）本清单项数量应与"屋外照明平面布置图"中的道路照明灯数量一致。

2）注意区分户外、户内照明，泵房照明应列入建筑工程中。

3）本清单项数量应与设计图纸"防雷接地"卷册中的数量一致。

2. 配电箱

（1）工程量计算规则

按设计图示数量计算。

（2）管理规定

1）根据《电网工程建设预算编制与计算规定（2018 年版）》，设备本体、道路、屋外区域（如变压器区、配电装置区、管道区等）的照明列入安装工程费。

2）根据《变电工程工程量计算规范》Q/GDW 11338—2023，照明清单项目适用于全站户外场地照明，户内照明选用建筑工程清单项目。

（3）审查注意事项

1）本清单项数量应与"屋外照明平面布置图"中的"屋外照明配电箱"数量一致。

2）参照屋外照明配电箱规则，建议户外配电检修箱列入本清单项，户内配电检修箱列入建筑工程清单项目。

3. 全站接地引下线

（1）工程量计算规则

按设计图示长度计算。

（2）审查注意事项

1）本清单项数量应与设计图纸"防雷接地"卷册中的数量一致。

2）注意设备接地与主接地网的界限划分：查阅设计图纸全站防雷、接地卷册，确定主接地网范围。

3）注意接地引下线的材料费、安装费与"主变压器"等设备安装清单项是否重复（清单一般将"主变压器"等设备安装的接地引下线的材料费、安装费列入本清单项；定额中，"主变压器"等设备安装定额包含接地引下线的安装费，材料费另计）。

4）核实最高投标限价，设备接地引下线应仅计列材料费。

4. 电缆保护管

（1）工程量计算规则

按设计图示长度计算。

（2）审查注意事项

本清单项数量应与设计图纸"防雷接地"卷册中的数量一致。

7.2.8　通信工程

1. 厂（站）内光缆熔接、厂（站）内光缆测试、光缆单盘测试、光缆接续

（1）工程量计算规则

按设计图示数量计算。

（2）审查重点

1）审核规则同《电力建设工程预算定额（2018 年版)》计算规则。

2）按设计图示数量计算。

3）注意结合图纸，根据功能、位置对厂（站）内光缆与光缆进行区分。

4）光缆接续清单项目适用于线路光缆中间部分的接续，变电站构架光缆接头盒至机房的光缆熔接执行厂（站）内光缆熔接。

2. 控制及保护盘台柜

（1）工程量计算规则

按设计图示数量计算。

（2）管理规定

1）根据《电力建设工程预算定额（2018 年版）第三册 电气设备安装工程》，屏

（柜）箱安装、智能组件安装工作内容均包括屏、柜内元器件安装及校线。

2）根据《变电工程工程量计算规范》Q/GDW 11338—2023，"控制及保护盘台柜"适用于各种保护、自动装置、计量计费与采集、远动、故障录波、合并单元、智能终端、中央信号、智能汇控、智能控制等各种类型的装置屏柜。

（3）审查注意事项

本清单项数量应与设计施工图中的主要设备材料清册中"远动屏、电能表及电量采集柜"数量保持一致。

3. 二次安全防护系统

（1）工程量计算规则

按站计算。

（2）管理规定

1）电网调度自动化分系统调试以"站"为计量单位，指省、地、县调度端数据主站。新增变电站接入时，按照变电站电压等级执行相应定额。

2）定额综合考虑了变电站接入同级主、备调度端工作量，使用时不作调整。

4. 调度数据网接入系统

（1）工程量计算规则

按站计算。

（2）管理规定

1）电网调度自动化分系统调试以"站"为计量单位，指省、地、县调度端数据主站。新增变电站接入时，按照变电站电压等级执行相应定额。

2）定额综合考虑了变电站接入同级主、备调度端工作量，使用时不作调整。

（3）审查注意事项

本清单项对应于设计施工图中的主要设备材料清册中"数据网接入设备"。

7.2.9 调试

1. 送配电设备分系统调试

（1）工程量计算规则

按设计图示断路器数量计算。

（2）管理规定

1）分系统调试：是指工程各系统在设备单机试运行或单体调试合格后，为使系统达到整套启动所必须具备的条件而进行的调试工作。分系统调试与单体调试的界限是看设备与系统是否连接：设备和系统断开时的单独调试属于单体调试，设备和系统连接在一起的调试属于分系统调试。

2）分系统调试扩建工程定额应用及调整系数

扩建主变压器时：①变电站计算机监控系统、变电站"五防"分系统、故障录波分系统、电网调度自动化系统、变电站交直流电源系统、二次系统安全防护分系统、信息安全评测分系统调试，定额乘以系数 0.3。该系数按照扩建主变压器数量进行调整，每项定额调整系数不超过 1。②若涉及其他相关系统扩容，按照定额乘以系数 0.3 调整，每项定额调整系数不超过1。

3）扩建间隔时：①变电站计算机监控系统、变电站"五防"分系统、电网调度自动化系统、变电站交直流电源系统、二次系统安全防护分系统调试，定额乘以系数0.1。该系数按照扩建间隔数量进行调整，每项定额调整系数不超过1。②若涉及其他相关系统扩容，按照定额乘以系数0.1调整，每项定额调整系数不超过1。

4）单独改造线路保护时：送配电分系统调试定额乘以系数0.3，变电站计算机监控分系统调试、电网调度自动化、二次系统安全防护分系统调试定额乘以系数0.05。该系数按照线路保护装置数量进行调整，每项定额调整系数不超过1。

5）扩建工程执行以"站"为计量单位的定额时：①按照变电站最高电压等级执行相应定额子目。②扩建主变工程调整系数综合考虑了主变本体及各侧间隔设备调试工程量，不得重复执行扩建间隔工程调整系数。③同时扩建主变和间隔时，定额系数按照累加计算调整，每项定额调整系数不超过1。

（3）审查重点

1）审核规则同《电力建设工程预算定额（2018年版）》计算规则。

2）在计算送配电设备分系统调试时，扣除电力变压器分系统的断路器。

2. 变压器系统调试

（1）工程量计算规则

1）按设计图示变压器数量以系统计算，三相为一系统。

2）按设计图示变压器数量以组计算，三相为一组。

（2）管理规定

根据《电力建设工程预算定额（2018年版）第三册 电气设备安装工程》，①电力变压器分系统调试包括变压器各侧间隔设备的调试工作，不得重复执行送配电设备分系统调试定额。三相变压器、单相变压器分别执行相应定额。②本定额按双绕组电力变压器考虑，若为三绕组电力变压器时，定额乘以系数1.2。③电力变压器高压侧断路器为3/2接线方式时，定额乘以系数1.1。④电力变压器带负荷调整装置时，定额乘以系数1.2。⑤电力变压器装有灭火保护装置时，定额乘以系数1.05。

（3）审查注意事项

包含主变进线间隔的调试，注意不与"交流供电系统调试"清单项重复（"交流供电系统调试"清单项不出现主变进线间隔）。

3. 交流供电系统调试

（1）工程量计算规则

按设计图示交流供电间隔数量计算。

（2）管理规定

根据《电力建设工程预算定额（2018年版）第三册 电气设备安装工程》，送配电设备分系统调试以"系统"为计量单位，按照断路器数量计算，包括断路器、隔离开关、电流互感器、电压互感器等一次设备和二次系统及保护调试。

（3）审查注意事项

按断路器数量计算。

4. 母线系统调试

（1）工程量计算规则

按设计图示装有电压互感器的母线段数量计算。

（2）审查注意事项

按母线段数计算。

5. 故障录波系统调试

（1）工程量计算规则

按站计算。

（2）管理规定

定额已按电压等级综合考虑了系统主机及故障录波装置的配置情况，使用时不作调整。

6. 中央信号系统调试和计算机监控、五防系统调试

工程量计算规则：

按站计算。

7. 保护故障信息系统调试

（1）工程量计算规则

按站计算。

（2）管理规定

保护故障信息主站分系统调试以"站"为计量单位，指调度端数据主站。当新增子站接入调度端主站时，按照调度端已接入子站数量执行相应定额。

8. 电网调度自动化系统调试

工程量计算规则：

按变电站接入的相应调度端数据站的主站数量之和计算。

9. 二次系统安全防护系统调试

工程量计算规则：

按站计算。

10. 二次系统安全防护系统接入变电站调试

工程量计算规则：

按变电站接入的相应调度端数据站的主站数量之和计算。

11. 信息安全测评系统（等级保护测评）调试

（1）工程量计算规则

按站计算。

（2）管理规定

信息安全测评分系统调试以"站"为计量单位。①"主站"指省、地、县调度端数据站，当变电站接入调度端时，按照接入变电站电压等级执行相应定额；当调度端新建调度

自动化系统或调度数据网时，执行相应定额。②变电站自动化系统信息安全测评系统按照变电站电压等级执行相应定额。

12. 信息安全测评系统（等级保护测评）接入变电站调试

工程量计算规则：

按变电站接入的相应调度端数据站的主站数量之和计算。

13. 网络报文监视系统调试

（1）工程量计算规则

按设计图示网络报文监视装置数量计算。

（2）管理规定

定额已按电压等级综合考虑了系统主机及网络报文记录分析装置的配置情况，使用时不作调整。

14. 智能辅助系统调试

工程量计算规则：

按站计算。

15. 交直流电源一体化系统调试

（1）工程量计算规则

按站计算。

（2）管理规定

交直流电源一体化系统调试以"站"为计量单位，当交直流电源一体化配置时，执行"交直流电源一体化系统调试"相应子目，不再执行其他电源系统调试子目。

16. 信息一体化平台系统调试

（1）工程量计算规则

按站计算。

（2）管理规定

后台高级功能调试包括顺序控制功能、智能告警及分析决策功能、经济运行与优化控制等功能的调试工作。

17. 变压器感应耐压试验带局部放电试验

（1）工程量计算规则

按设计图示变压器数量结合实际要求计算。

（2）管理规定

1）单做感应耐压试验定额乘以系数 0.5，单做局部放电试验定额乘以系数 0.8。

2）第一台按定额乘以系数 1，第二台按定额乘以系数 0.8，第三台及以上按定额乘以系数 0.6。

3）高压电抗器按同电压等级变压器定额乘以系数 0.8。

4）500kV 变压器若为三相一体，定额乘以系数 1.7。

（3）审查注意事项

按变压器台数计。

18. 变压器交流耐压试验

（1）工程量计算规则

按设计图示变压器数量结合实际要求计算。

（2）管理规定

1）单独进行中性点耐压试验时，定额乘以系数 0.1。

2）第一台按定额乘以系数 1，第二台按定额乘以系数 0.8，第三台及以上按定额乘以系数 0.6。

3）高压电抗器按同电压等级变压器定额乘以系数 0.8。

4）500kV 变压器若为三相一体，定额乘以系数 1.7。

（3）审查注意事项

按变压器台数计。

19. 变压器绕组变形试验

（1）工程量计算规则

按设计图示变压器数量结合实际要求计算。

（2）管理规定

1）已包含用频谱法和短路阻抗法进行试验，以及试验所需的变压器直流电阻测量。

2）第一台按定额乘以系数 1，第二台按定额乘以系数 0.8，第三台及以上按定额乘以系数 0.6。

3）高压电抗器按同电压等级变压器定额乘以系数 0.8。

4）500kV 变压器若为三相一体，定额乘以系数 1.7。

（3）审查注意事项

按变压器台数计。

20. GIS（HGIS）交流耐压试验

（1）工程量计算规则

按设计图示 GIS（HGIS）间隔数量结合实际要求计算。

（2）管理规定

GIS（HGIS、PASS）耐压试验，5 个间隔以内按定额乘以系数 1，第 6～10 个间隔按定额乘以系数 0.9，第 11～15 个间隔按定额乘以系数 0.8，第 16～20 个间隔按定额乘以系数 0.7，第 21 个间隔及以上按定额乘以系数 0.6。

（3）审查注意事项

1）按间隔计算。

2）按带断路器间隔＋母设间隔数量计算。

21. GIS（HGIS）局部放电带电检测

（1）工程量计算规则

按设计图示 GIS（HGIS）间隔数量结合实际要求计算。

（2）管理规定

GIS（HGIS、PASS）耐压试验，5 个间隔以内按定额乘以系数 1，第 6～10 个间隔按定额乘以系数 0.9，第 11～15 个间隔按定额乘以系数 0.8，第 16～20 个间隔按定额乘以系数 0.7，第 21 个间隔及以上按定额乘以系数 0.6。

（3）审查注意事项

1）按间隔计算。

2）按带断路器间隔＋母设间隔数量计算。

22. 接地网阻抗测试

（1）工程量计算规则

结合实际要求按站计算。

（2）审查注意事项

按新建站计列。

23. 接地引下线及接地网导通测试

（1）工程量计算规则

结合实际要求按站计算。

（2）管理规定

接地引下线及接地网导通测试，扩建主变压器时定额乘以系数 0.3；扩建间隔时定额乘以系数 0.1。该系数按照扩建主变及间隔数量进行调整，每项定额调整系数不超过 1。

24. 远动规约调试

工程量计算规则：

结合实际要求按站计算。

25. 电容器在额定电压下冲击合闸试验

工程量计算规则：

按设计图示电容器数量结合实际要求计算。

26. 绝缘油试验

（1）工程量计算规则

结合实际要求按设计图示充油设备绝缘油单项试验项目的油样数量计算。

（2）管理规定

1）断路器绝缘油试验（台/三相）按互感器绝缘油试验定额乘以系数 3（互感器：台/单相）。

2）变压器、互感器绝缘油试验各阶段工作量比例参考值：原油按 14%，注入变压器前按 35%，设备残油按 15%，注入变压器热循环后按 26%，耐压局放试验后按 5%，投运 24h 后按 5%。

（3）审查注意事项

核对调试报告，确定试验项目与清单项目特征描述是否符合，若存在项目实施不全的情况，需扣除相应费用。

27. SF₆ 气体试验

（1）工程量计算规则

结合实际要求按设计图示充气设备 SF_6 气体单项试验项目的油样数量计算。

（2）管理规定

根据《35～750kV 输变电工程安装调试定额应用等 2 项指导意见（2021 年版）》，SF_6 气体试验只计 SF_6 气体综合试验、SF_6 气体全分析试验。

（3）审查注意事项

1）核对调试报告，确定试验项目与清单项目特征描述是否符合，若存在项目实施不全的情况，需扣除相应费用。

2）《变电工程工程量计算规范》Q/GDW 11338—2023 中，SF_6 气体试验的计量单位为"间隔""段""台（单相）""台（三相）"；《电力建设工程预算定额（2018 年版）》中，SF_6 气体试验的计量单位为"站"，两者计量单位不统一，建议参考《电力建设工程预算定额（2018 年版）》列清单。

28. 表计校验（常规电能表、数字化常规电能表）

（1）工程量计算规则

按设计图示表计数量结合实际要求计算。

（2）审查注意事项

注意实施主体：一般情况下由计量中心负责实施检测，若由施工单位实施，可以计算相关费用。

29. 表计校验（数字化关口电能表）

（1）工程量计算规则

按设计图示表计数量结合实际要求计算。

（2）管理规定

根据《35～750kV 输变电工程安装调试定额应用等 2 项指导意见（2021 年版）》，关口电能表误差校验、数字化关口电能表误差校验以关口电能表数量计列。

（3）审查注意事项

注意实施主体：一般情况下由计量中心负责实施检测，若由施工单位实施，可以计算相关费用。

30. 表计校验（SF₆ 密度继电器）

（1）工程量计算规则

按设计图示表计数量结合实际要求计算。

（2）管理规定

根据《35～750kV 输变电工程安装调试定额应用等 2 项指导意见（2021 年版）》，SF_6 密度继电器以 SF_6 密度继电器数量计列。

（3）审查注意事项

1）结算中容易出现清单量与设计图纸量不一致，应以设计图纸量为准，SF_6 密度继电器数量＝气室数量。

2）同步核查调试报告。

31. 表计校验（气体继电器）

（1）工程量计算规则

按设计图示表计数量结合实际要求计算。

（2）管理规定

根据《35～750kV 输变电工程安装调试定额应用等 2 项指导意见（2021 年版)》，气体继电器以气体继电器数量计列。

（3）审查注意事项

结算中容易出现清单量与设计图纸量不一致，应以设计图纸量为准，气体继电器数量按气室数量计。

32. 互感器误差测试

（1）工程量计算规则

按设计图示互感器数量结合实际要求以组计算，三相为一组。

（2）管理规定

1）电流、电压、电子式电流、电子式电压互感器误差试验，单独做保护时定额乘以系数 0.65，单独做计量时定额乘以系数 0.35；各互感器误差试验 5 组以内按定额乘以系数 1，第 6～10 组按定额乘以系数 0.9，第 11～15 组按定额乘以系数 0.8，第 16～20 组按定额乘以系数 0.7，第 21 组及以上按定额乘以系数 0.6。

2）10kV 互感器误差试验可参照 35kV 互感器误差试验，定额乘以系数 0.3。

（3）审查注意事项

1）根据设计施工图中设备清册判断互感器是独立安装还是组合电器形式（集成在 GIS 组合电器中），独立安装形式的才计列互感器误差测试，否则不予计列（GIS 形式不做互感器误差测试）。

2）根据交接试验规程，关口计量点需做，核实关口计量点位置。

33. 计量二次回路阻抗（负载）测试

（1）工程量计算规则

按设计图示计量二次回路数结合实际要求计算，三相为一组。

（2）管理规定

互感器与电能表集成安装在开关柜时不计列。

34. 真空断路器高压大电流老炼试验

审查注意事项：

一般不计列。

35. 整套启动调试

管理规定：

（1）整套启动调试：是指工程的设备和系统在分系统调试合格后，从联合启动开始到试运行合格移交生产运行为止所进行的调整试验和试运行工作。整套启动调试与分系统调试的界限：对于输变电工程、直流工程调试，以一次设备首次带负荷为界（根据分系统调试与整套启动调试项目的界限，有些系统的调试工作不可能在分系统调试阶段全部完成，剩余部分调试工作只能在整套启动调试阶段继续进行）。

（2）整套启动调试扩建工程定额应用及调整系数

扩建主变压器时：变电站（升压站）试运行、变电站监控系统调试、电网调度自动化系统、二次系统安全防护系统调试乘以系数 0.5。该系数按照扩建主变压器数量进行调整，每项定额调整系数不超过 1。

扩建间隔时变电站（升压站）试运行、变电站监控系统调试、电网调度自动化系统、二次系统安全防护系统调试乘以系数 0.3。该系数按照扩建间隔数量进行调整，每项定额调整系数不超过 1。

单独改造线路保护时：变电站（升压站）试运行、变电站监控系统调试、电网调度自动化系统、二次系统安全防护系统调试乘以系数 0.05。该系数按照线路保护装置数量进行调整，每项定额调整系数不超过 1。

扩建工程执行以"站"为计量单位的定额时：①按照变电站最高电压等级执行相应定额子目。②扩建主变工程调整系数综合考虑了主变本体及各侧间隔设备调试工程量，不得重复执行扩建间隔工程调整系数。③同时扩建主变和间隔时，定额系数按照累加计算调整，每项定额调整系数不超过 1。

36. 试运行

（1）工程量计算规则

按站计算。

（2）管理规定

1）定额按一期工程配置一台变压器考虑（不分双绕组或三绕组）。凡增加变压器时，增加的变压器每台定额乘以系数 0.2。

2）带线路高抗时，定额乘以系数 1.1。

3）串联补偿站按同电压等级变电站定额乘以系数 0.7。

37. 监控调试

（1）工程量计算规则

按站计算。

（2）管理规定

1）定额按一期工程配置一台变压器考虑（不分双绕组或三绕组）。凡增加变压器时，增加的变压器每台定额乘以系数 0.2。

2）带线路高抗时，定额乘以系数 1.1。

3）串联补偿站按同电压等级变电站定额乘以系数 0.7。

38. 电网调度自动化系统调试

（1）工程量计算规则

按变电站接入的相应调度端数据站的主站数量之和计算。

（2）管理规定

电网调度自动化系统调试以"站"为计量单位，指调度端数据主站。当变电站接入调度端时，按照变电站电压等级执行相应定额。

39. 电网调度自动化系统调试

（1）工程量计算规则

按站计算。

（2）管理规定

1）调度（主站端）以"系统"为计量单位，指调度端主站各类系统。当调度主站端新增继电保护和故障录波信息管理系统、配电自动化系统、电能计量系统、大客户负荷管理系统时计列。

2）变电站（子站）以"站"为计量单位，指变电站。当变电站接入调度端时计列。

第 **8** 章

架空线路工程结算审查

本章按分部分项工程量和措施项目工程量两部分内容，针对架空线路工程清单工程量在结算审核过程中的多发问题、工程造价影响较大及风险等级较高的问题，汇总形成架空线路工程结算审查重点。

8.1 架空线路工程分部分项工程结算审查

本节对基础工程、杆塔工程、接地工程、架线工程、附件工程、辅助工程等分部分项工程量进行具体分析。

8.1.1 基础工程

1. 工地运输

管理规定：

（1）根据《电力建设工程概预算定额使用指南（2018 年版）第五册 输电线路工程》，工程如采用商品混凝土或机械化施工时，不计人力运输。

（2）根据《电力建设工程概预算定额使用指南（2018 年版）第五册 输电线路工程》，架线工程采用张力架线时，因为设置了牵张场，汽车可以到现场，所以线材不计人力运输。

（3）根据《电力建设工程概预算定额使用指南（2018 年版）第五册 输电线路工程》，钢管杆一般不计人力运输、拖拉机运输。

（4）根据《电力建设工程概预算定额使用指南（2018 年版）第五册 输电线路工程》，砂、石运输：砂、石一般采用地方材料信息价，只计算人力运输、拖拉机运输和索道运输，不计算汽车、船舶等机械运输及装卸。如果施工现场所处位置的运距超过地方材料信息价组价运输距离，可以计取超出部分距离的运输费用，但不计装卸费。

（5）根据《电力建设工程概预算定额使用指南（2018 年版）第五册 输电线路工程》，塔材运输：为实际操作计算简便，塔材在计算运输装卸重量时，包括螺栓、脚钉、垫圈的重量。

2. 线路复测分坑

（1）工程量计算规则

按设计杆塔数量，以基计算。

（2）管理规定

1）根据《电力建设工程预算定额（2018 年版）第四册 架空输电线路工程》，在线路复测分坑中遇到高低腿杆、塔时，按相应定额人工乘以系数 1.5；跨越房屋每处另外增加普通工 0.7 工日。

2）根据《电力建设工程概预算定额使用指南（2018 年版）第五册 输电线路工程》，直线转角塔的复测分坑执行"耐张（转角）自立塔"定额。

（3）审查注意事项

注意不同杆塔类型（直线单杆、耐张（转角）单杆、直线双杆及拉线杆、耐张（转角）双杆、三联杆、直线自立塔、耐张（转角）自立塔）套用的定额不同。

3. 杆塔坑、拉线坑挖方及回填

（1）工程量计算规则

按设计图示尺寸，以体积计算。体积＝基础底面积（或基础垫层底面积）乘以开挖深度。

（2）管理规定

1）根据《输电线路工程工程量计算规范》Q/GDW 11339—2023，各类土、石质按设计地质资料确定，除挖孔基础外，不作分层计算；同一坑、槽、沟内出现两种或两种以上不同土、石质时，则一般选用含量较大的一种确定其类型；出现流砂层时，不论其上层土质占多少，全坑均按流砂坑计算。

2）根据《电力建设工程预算定额（2018 年版）第四册 架空输电线路工程》，电杆坑、塔坑、拉线坑人工和机械挖方（或爆破）及回填，接地槽挖方（或爆破）及回填中的回填土均按原挖原填和余土就地平整考虑，不包括 100m 以上的取（换）土回填和余土外运。发生时按设计规定的换土比例和平均运距，执行尖峰挖方（或爆破）和工地运输定额。余土（石）处理，按余土（石）运至允许堆弃地，其运距超过 100m 以上部分列入工地运输。

（3）审查重点

1）地质类别按岩土工程勘测报告提供的地质资料描述确定。根据基础尺寸和露头计算开挖深度及工程量。

2）基础的基坑挖方及回填工程量是按设计尺寸的净量计算，不含施工操作裕度及放坡增加的尺寸，基坑坑深包括垫层厚度。计算基坑深度时，包含垫层厚度。计算基坑宽度时也考虑垫层宽度。设计要求换土（借土回填）时，执行"回（换）填"清单。

3）杆塔坑、拉线坑挖方及回填时，灌注桩承台内空钻体积不予扣减。

（4）审查注意事项

1）注意定额中已包含 100m 以内的取（换）土回填和余土外运，当运距超过 100m 时，只能另计运距超过 100m 部分的工地运输费用。

2）除挖孔基础、灌注桩基础（不含灌注桩承台部分）外，其余基础形式的基础挖方，均应列入"杆塔坑挖方及回填"清单子目。

3）注意最高投标限价中余土外运是否正确，余土处置是否有参考依据。

4）核实不同的开挖深度、地质类别。

4. 挖孔基础挖方

（1）工程量计算规则

按设计图示尺寸，以体积计算或孔深计算。

（2）管理规定

根据《输电线路工程工程量计算规范》Q/GDW 11339—2023，挖孔基础指掏挖基础、岩石嵌固式基础、挖孔桩基础；同一孔中不同土质，根据地质勘测资料，分层计算工程量。

（3）审查重点

1）地质类别按岩土工程勘测报告提供的地质资料描述确定。根据基础尺寸和露头计算孔深及工程量。

2）根据基础尺寸和露头判断孔径、孔深，并计算各层挖方量。

（4）审查注意事项

1）注意设计图纸中一般只给定基础露头的高度区间值，结算时应根据现场签证资料等确定露头的具体高度，以此确定挖孔深度，正确计算挖孔体积。

2）清单子目适用于挖孔基础挖方。注意最高投标限价中余土外运是否正确，余土处置是否有参考依据。

5. 一般钢筋

（1）工程量计算规则

按设计图示尺寸，以质量计算

（2）管理规定

根据《电力建设工程概预算定额使用指南（2018年版）第五册 输电线路工程》，工程如采用商品混凝土或机械化施工时，不计人力运输。

（3）审查注意事项

1）对于挖孔基础，其护壁钢筋建议列入"一般钢筋"清单子目，而不列入"钢筋笼"清单子目。

2）若采用机械化施工，综合单价组价中不计人力运输费用。

6. 地脚螺栓

（1）工程量计算规则

按设计图示数量，以质量计算。

（2）管理规定

1）根据《输电线路工程工程量计算规范》Q/GDW 11339—2023，地脚螺栓的附属材料，如环形定位板等计入"地脚螺栓"，"地脚螺栓"工程量包含地脚螺栓箍筋质量。

2）根据《电力建设工程概预算定额使用指南（2018年版）第五册 输电线路工程》，工程如采用商品混凝土或机械化施工时，不计人力运输。

（3）审查重点

1）地脚螺栓附属的环形定位板计入地脚螺栓工程量，如环形定位板循环使用，按设计要求、规定计算。

2）地脚螺栓箍筋等计入现浇基础（构件）钢筋。

（4）审查注意事项

1）注意地脚螺栓箍筋质量计入清单子目。

2）若采用机械化施工，综合单价组价中不计人力运输费用。

7. 钢筋笼

（1）工程量计算规则

按设计图示尺寸，以质量计算

（2）管理规定

根据《电力建设工程概预算定额使用指南（2018年版）第五册 输电线路工程》，工程如采用商品混凝土或机械化施工时，不计人力运输。

（3）审查注意事项

1）对于挖孔基础，其护壁钢筋建议列入"一般钢筋"清单子目，而不列入"钢筋笼"清单子目。

2）若采用机械化施工，综合单价组价中不计人力运输费用。

8. 基础垫层

（1）工程量计算规则

按设计图示尺寸，以体积计算（垫层与桩重合部分不扣除）。

（2）管理规定

根据《电力建设工程预算定额（2018年版）第四册 架空输电线路工程》，"铺石灌浆""铺石加浇混凝土"，砂浆或混凝土的用量应按设计规定计算，如设计无规定时，砂浆的用量可以按垫层体积的20％计算，混凝土的用量可以按垫层体积的30％计算。

（3）审查重点

按照基础详图计算工程量。当是灌注桩带承台基础时，不扣除灌注桩与垫层重叠部分混凝土工程量。

（4）审查注意事项

1）注意"铺石灌浆""铺石加浇筑混凝土"情形下，基础垫层工程量按铺石（块石）体积计列；砂浆、混凝土只计列材料用量，不计入垫层体积。

2）核实垫层类型。

9. 现浇基础

（1）工程量计算规则

按设计图示尺寸，以体积计算。

（2）管理规定

1）根据《输电线路工程工程量计算规范》Q/GDW 11339—2023，"现浇基础"项目特征中基础类型名称指板式基础、刚性基础、桩承台等；"挖孔基础"项目特征中"基础类型名称"指掏挖基础、岩石嵌固基础、挖孔桩基础等。

2）根据《电力建设工程概预算定额使用指南（2018年版）第五册 输电线路工程》，"混凝土搅拌及浇制"定额中的"每个基础"是指一个完全独立的，基础之间无相互联系的单个基础。"每个基础"可能是一个基塔中的一个"腿"，也可能是由两个"腿"或四个"腿"组成。如自立塔刚性现浇基础，四个基础互相独立，基础间无任何联系，该塔基础分别按一个"腿"的混凝土量执行定额。如四个基础间底板互相连接或大平板，该基础按四个"腿"的混凝土总量执行定额。

3）根据《电力建设工程概预算定额使用指南（2018 年版）第五册 输电线路工程》，定额按有筋基础考虑，无筋基础定额乘以系数 0.95。

（3）审查重点

按照基础详图计算工程量。扣除灌注桩与现浇基础及垫层重叠部分混凝土工程量。

（4）审查注意事项

1）若采用商品混凝土，综合单价组价中一般不应计列人力运输。

2）分析材料时，注意体积与重量的转换及损耗系数。注意运输的重量及运距。

10. 挖孔基础

（1）工程量计算规则

按设计图示尺寸，以体积计算。

（2）管理规定

1）根据《电力建设工程预算定额（2018 年版）第四册 架空输电线路工程》，挖孔基础混凝土浇制：①孔深 5m 以上，执行"钻孔灌注桩基础"相应定额。②孔深 5m 以内，执行"现浇基础"相应定额。

2）根据《电力建设工程预算定额（2018 年版）第四册 架空输电线路工程》，基础充盈量：充盈量应按设计规定计算，如设计无规定时，其充盈量为：①钻孔灌注桩基础（含挤扩支盘桩挤扩部分）、现浇护壁：设计量的 17%。②挖孔基础、树根桩基础：设计量的 7%。③岩石锚杆基础：设计量的 8%。④挖孔基础若采用基础护壁时不计算充盈量。

（3）审查注意事项

1）注意清单编制规范性，不能将挖孔基础合并计入"灌注桩浇制"或"现浇基础"清单子目。

2）若采用商品混凝土，综合单价组价中一般不应计列人力运输。

3）注意结算时不能另计混凝土超灌量（充盈量）。

11. 保护帽

工程量计算规则：

按设计图示尺寸，以体积计算。

12. 大体积混凝土基础

（1）工程量计算规则

按设计图示尺寸，以体积计算。

（2）审查重点

按基础详图计算工程量。

13. 挖孔基础浇灌

（1）工程量计算规则

按设计图示尺寸，以体积计算（不含护壁）。

（2）审查重点

1）注意区分挖孔基础类型，是否与项目特征相符。

2）充盈量和加灌量已含在综合单价中，不再另计。

14. 挖孔基础护壁

（1）工程量计算规则

按设计图示尺寸，以体积计算。

（2）管理规定

根据《电力建设工程预算定额（2018年版）第四册 架空输电线路工程》，基础充盈量：充盈量应按设计规定计算，如设计无规定时，其充盈量为：①钻孔灌注桩基础（含挤扩支盘桩挤扩部分）、现浇护壁：设计量的17%。②挖孔基础、树根桩基础：设计量的7%。③岩石锚杆基础：设计量的8%。④挖孔基础若采用基础护壁时不计算充盈量。

（3）审查重点

由于护壁施工需结合现场实际地质条件，因此按照现场实际施工工程量计列，该工程量进行四方签证确认。

（4）审查注意事项

注意结算时不能另计混凝土超灌量（充盈量）。应根据土石质分层情况结合现场工程量确认单，复核护壁实际长度。

15. 灌注桩成孔

（1）工程量计算规则

按打桩前自然地面标高至设计桩底的深度计算（包括桩尖长度）。

（2）审查重点

根据地勘报告判断地质类别，根据基础详图判断桩径、桩长，分层计算成孔深度。成孔深度以长度（以设计图示自然标高为起点）计算。桩尖长度按设计规定计算，设计未规定时，桩尖长度按桩径1/2长度计算，灌注桩桩尖体积按半球形计算。

16. 灌注桩浇灌

工程量计算规则：

按设计桩截面乘以设计桩长，以体积计算（含括桩尖体积）。

17. 灌注桩基础

（1）工程量计算规则

按设计桩截面乘以设计桩长，以体积计算（包括桩尖体积）。

（2）审查重点

1）当灌注桩桩基底部采用半球形设计时，以设计图示尺寸（包含底部半球体积）计算结算工程量。

2）充盈量和加灌量已含在综合单价中，不再另计，灌注桩破桩头费用也不再单独计列。

（3）审查注意事项

1）注意结算时不能另计混凝土超灌量（充盈量）。

2）核实地质类别、桩径、桩长、混凝土强度等级。分析材料时，注意体积与重量的转换及损耗系数。注意运输的重量及运距。

18. 预制桩

（1）工程量计算规则

按设计桩截面面积乘以桩长，以实体体积计算（包括桩尖体积）。

（2）审查重点

按基础详图计算实体工程量，包括桩尖体积。

19. 钢管桩

（1）工程量计算规则

按设计数量，以根数计算。

（2）审查重点

按基础详图计算工程量，不按材料清册量计算。

20. 岩石锚杆基础

（1）工程量计算规则

按设计图示尺寸，以孔深计算。

（2）审查重点

按基础详图计算工程量。扣除灌注桩与现浇基础及垫层重叠部分混凝土工程量。

21. 树根桩

（1）工程量计算规则

按设计图示尺寸，以体积计算。

（2）审查重点

按基础详图计算实体工程量，包括桩尖体积。

8.1.2 杆塔工程

1. 混凝土杆组立

（1）工程量计算规则

按设计数量，以基计算。

（2）审查重点

混凝土杆杆质量包含杆身自重和横担、叉梁、脚钉、爬梯、拉线抱箍、避雷器支架、电缆平台等全部杆身组合构件的质量，不包含基础、接地、拉线组、绝缘子金具串的质量。

2. 钢管杆组立

（1）工程量计算规则

按设计数量，以基计算。

（2）审查重点

钢管杆质量包含杆身自重和横担、叉梁、脚钉、爬梯、拉线抱箍、避雷器支架、电缆平台等全部杆身组合构件的质量，不包含基础、接地、拉线组、绝缘子金具串的质量。

3. 拉线塔组立

（1）工程量计算规则

按设计图示数量，以质量计算。

（2）审查重点

1）注意塔全高为铁塔最长腿基础顶面到塔头顶的总高度。

2）拉线塔质量包含塔身、铁塔螺栓（如防盗螺栓、双螺母等）、脚钉、爬梯、电梯井架、避雷器支架、电缆平台等全部塔身组合构件的质量，不包含基础、接地、拉线组、绝缘子金具串的质量。

4. 自立塔组立

（1）工程量计算规则

按设计图示数量，以质量计算。

（2）管理规定

根据《电力建设工程概预算定额使用指南（2018年版）第五册 输电线路工程》，铁塔总重量＝Σ（铁塔塔身所有的型钢、联板、螺栓、脚钉、爬梯、避雷器支架等）。

（3）审查重点

1）塔全高为竣工图文件的最长腿基础顶面到塔头顶的高度。

2）自立塔质量包含塔身、铁塔螺栓（如防盗螺栓、双螺母等）、脚钉、爬梯、电梯井架、避雷器支架、电缆平台等全部塔身组合构件的质量，不包含基础、接地、拉线组、绝缘子金具串的质量。

（4）审查注意事项

1）注意结算时不能另计避雷器支架（电缆平台组合件）等费用。

注意核查"避雷器支架（电缆平台组合件）等"是否与电缆工程重复，避免重复计列。

2）塔全高超过70m的为高塔组立，并且注意调整系数。紧凑型铁塔、钢管塔组立，注意调整系数。

5. 杆塔标志牌安装

（1）工程量计算规则

按设计图示数量计算

（2）管理规定

1）根据《电网工程建设预算编制与计算规定（2018年版）》，生产准备费是指为保证工程竣工验收合格后能够正常投产运行提供技术保证和资源配备所发生的费用。包括管理车辆购置费、工器具及办公家具购置费、生产职工培训及提前进厂费。工器具及办公家具购置费是指为满足电力工程投产初期生产、生活和管理需要，购置必要的家具、用具、标志牌、警示牌、标示桩等费用。

2）新建架空、电缆线路标志牌、警示牌、标志桩费用由工器具及办公家具购置费中列支，只计取安装费用。开断线路涉及原有标志牌、警示牌、标志桩更换的，相应安装、材料费用计入线路工程本体。

8.1.3 接地工程

1. 接地槽挖方及回填

（1）工程量计算规则

按设计图示尺寸，以体积计算。

（2）管理规定

根据《电力建设工程预算定额（2018年版）第四册 架空输电线路工程》，电杆坑、塔坑、拉线坑人工和机械挖方（或爆破）及回填，接地槽挖方（或爆破）及回填中的回填土均按原挖原填和余土就地平整考虑，不包括100m以上的取（换）土回填和余土外运。发生时按设计规定的换土比例和平均运距，执行尖峰挖方（或爆破）和工地运输定额。余土（石）处理，按余土（石）运至允许堆弃地，其运距超过100m以上部分列入工地运输。

（3）审查重点

地质类别按岩土工程勘测报告提供的地质资料描述确定。

（4）审查注意事项

1）注意定额中已包含100m以内的取（换）土回填和余土外运，当运距超过100m时，只能另计运距超过100m部分的工地运输费用。

2）注意板式基础及承台基础存在放坡情形下，接地槽挖方工程量应扣除与基础挖方存在重叠部分。

2. 垂直接地体安装、水平接地体安装

（1）工程量计算规则

按设计图示数量计算。

（2）管理规定

1）根据《电力建设工程预算定额（2018年版）第四册 架空输电线路工程》，垂直接地体长度定额按2.5m考虑，如实际长度超过时，定额乘以系数1.25。

2）根据《电力建设工程预算定额（2018年版）第四册 架空输电线路工程》，铜覆钢垂直接地体长度定额按3m考虑，如实际长度超过时，定额乘以系数1.25。

3）根据《电力建设工程预算定额（2018年版）第四册 架空输电线路工程》，石墨、不锈钢水平接地体敷设按"水平接地体敷设"定额乘以系数0.8。

4）根据《电力建设工程预算定额（2018年版）第四册 架空输电线路工程》，水平接地体（不含非开挖接地）敷设按每基长度300m以内考虑，如实际长度超过时，定额乘以系数0.6。

（3）审查重点

按接地图纸计算工程量，确认实际接地形式与图纸一致。

（4）审查注意事项

1）注意结算综合单价组价时是否按定额规定执行相应系数调整。

2）不考虑土方工程量。区分接地形式、长度、降阻材料。

8.1.4 架线工程

1. 避雷线架设、OPGW架设

（1）工程量计算规则

按设计线路亘长，以单根长度计算。

（2）管理规定

1）根据《输电线路工程工程量计算规范》Q/GDW 11339—2023，清单子目工作内容包含直线接头连接、耐张终端头制作、耐张串组合连接和挂线、附件（除防震锤）安装。

2）根据《电力建设工程概预算定额使用指南（2018年版）第五册 输电线路工程》，OPGW架设：区分截面，按单根OPGW的线路亘长，以"km"为计量单位计算。不包括接续杆塔上的预留量。若两根OPGW同时架设，工程量×2。

3）根据《输电线路工程工程量计算规范》Q/GDW 11339—2023，清单子目工作内容包括单盘测量、接续、全程测量。

4）根据《输电线路工程工程量计算规范》Q/GDW 11339—2023，清单子目工作内容包括直线接头连接、耐张终端头制作、耐张串组合连接和挂线、附件（除防震锤）安装（也就是说本条清单子目只计OPGW金具串的安装费，其材料费列入"其他金具安装"清单子目）。

（3）审查重点

1）采用张力架线时，牵张场地建设、牵张设备在施工过程中的装、拆和转移已含在清单综合单价中，不再另计。

2）耐张终端头制作、耐张串组合连接和挂线、附件安装（不含防震锤）已含在清单综合单价中，不再另计。

3）OPGW 的单盘测量、接续、全程测量，已含在清单综合单价中，不再另计。

4）工程量以设计亘长计算，损耗已含在清单综合单价中。

（4）审查注意事项

1）注意本条清单子目，计列了避雷线的材料费、安装费以及避雷线金具串的安装费。避雷线金具串的材料费列入"其他金具安装"清单子目。

2）若两根 OPGW 同时架设，清单子目工程量＝"导线架设"工程量×2。

3）注意结算时不能另计单盘测量、接续、全程测量费用。

4）注意本条清单子目，计列了 OPGW 的材料费、安装费以及 OPGW 金具串的安装费。OPGW 金具串的材料费列入"其他金具安装"清单子目。

5）注意工程量应按路径长度计算，而非光缆长度；乙供金具串需单列，若甲供则不单列。

2. 导线架设

（1）工程量计算规则

按设计线路亘长，以长度计算。

（2）管理规定

1）根据《电力建设工程概预算定额使用指南（2018 年版）第五册 输电线路工程》，牵、张场地建设区分场地平整、钢板铺设和导线分裂数（OPGW 按单导线），按建设场地数量，以"处"为计量单位计算。牵张场地数量按施工设计大纲要求计算，如无规定，按导线、避雷线 6km 一处、OPGW4km 一处、OPPC3km 一处计算。

2）根据《电力建设工程概预算定额使用指南（2018 年版）第五册 输电线路工程》，导引绳展放区分导引绳的展放形式（人工、飞行器），按设计单回线路亘长，以"km"为计量单位计算。同塔多回路同时架设时，工程量＝线路亘长×回路数。

3）根据《电力建设工程预算定额（2018 年版）第四册 架空输电线路工程》，"导引绳展放"定额中的飞行器展放子目不包括飞行器的租赁费，租赁费另行计算。

4）采用飞行器展放导引绳时，按 2000 元/km（单回）计列租赁费用，列入"4 架线工程"。

5）老线路紧线参照检修定额"导线、避雷线弧垂调整"计算费用。

（3）审查重点

1）注意图纸工程量与项目特征中的导线型号、回路等信息是否相符，工程量以设计亘长计算。

2）审核注意事项：采用张力架线时，牵张场地建设、牵张设备在施工过程中的装、拆和转移已含在清单综合单价中，不再另计。工程量以设计亘长计算，损耗已含在清单综合单价中。

（4）审查注意事项

1）注意新架设线路与更换导线、老线路紧线工程施工工艺的区别导致费用计取的差异：更换导线工程施工内容包含旧导线拆除和新导线架设，费用包含旧导线拆除费用和新导线架设费用，且旧导线拆除费用计入"拆除工程项目清单计价表"，新导线架设费用列入清单子目；老线路紧线工程施工内容为调整弧垂，费用计取参照检修定额"导线、避雷线弧垂调整"计算费用，计入清单子目。

2) 区分架设方式。注意回路数。注意导线的型号、规格。区分交直流。核实邻近带电线路的距离，注意调整系数。

3. 交叉跨越

(1) 工程量计算规则

按设计跨越数量，以处计算。

(2) 管理规定

根据《电力建设工程概预算定额使用指南（2018年版）第五册 输电线路工程》，施工中遇到人车通行的土路、不拆迁的房屋及不砍伐的果园、经济作物、穿越电力线等，架线时需采取防护措施，可按下面方法计算：①跨越土路，以"处"为计量单位，执行"跨越低压、弱电线"相应定额乘以系数0.8。②果园、经济作物，按60m为一处，执行"跨越低压、弱电线"相应定额乘以系数0.8。③跨越房屋，以独立房屋为一处，执行"跨越低压、弱电线"相应定额，房屋高度10m以下乘以系数0.8，房屋高度10m以上乘以系数1.5。④穿越电力线（无论被穿越线路是否带电），按被穿越线路电压等级，执行"跨越电力线"定额乘以系数0.75。如新建220kV线路穿越已建500kV运行（带电）线路，按500kV电力线跨越220kV电力线定额乘以系数0.75。

(3) 审查重点

如杆塔明细表中未明确公路等级、铁路类型、跨越果园经济作物数量的，可与设计院沟通，办理工程量确认单，由业主、监理、施工、设计四方进行确认，必要时可现场踏勘，实际未跨越或实际未搭设跨越架的，原则上不予计算；采用特殊防护措施时根据实际施工方案计列。

(4) 审查注意事项

1) 注意与政策处理费用是否重复：若政策处理费用有赔偿，则不应计列果园经济作物交叉跨越费用。

2) 区分跨越的种类。区分是否带电跨越。如被跨越电力线路为双回路、多回路时，注意措施费的调整系数。注意人能涉水而过的河道、干涸的河流等不计取。注意不拆迁的房屋及不砍伐的果园、经济作物等，架线时采取防护措施，果园、经济作物按60m为一处，套用跨越低压弱电线路定额乘以系数0.8。跨越房屋、以独立房屋为一处，套用跨越低压弱电线路定额，房屋高度10m以下乘以系数0.8，房屋高度10m以上乘以系数1.5。如为同塔同时架设双回路、多回路时，注意调整系数。

8.1.5 附件工程

1. 导线耐张金具绝缘子串

(1) 工程量计算规则

按设计数量，以组计算。

（2）审查重点

1）导线耐张金具绝缘子串工作内容含连接金具、绝缘子、线夹、预绞丝、护线条、均压环、屏蔽环等安装，其费用在综合单价中考虑。

2）导线耐张金具绝缘子串安装以组计算，"组"是指单侧单相为一组。

（3）审查注意事项

注意区分绝缘子的型号、组合形式。同塔非同时架设多回路或邻近有带电线路时，在架设下一回时注意调整系数。

2. 导线悬垂、跳线金具绝缘子串

（1）工程量计算规则

按设计数量，以串计算。

（2）管理规定

根据《电力建设工程预算定额（2018年版）第四册 架空输电线路工程》，预绞丝悬垂线夹安装，按"导线缠绕预绞丝线夹安装"相应定额乘以系数1.2。

（3）审查重点

1）导线悬垂、跳线金具绝缘子串工作内容含连接金具、绝缘子、线夹、预绞丝、护线条、均压环、屏蔽环等安装，其费用在综合单价中考虑。

2）计量单位"串"是指完全独立的金具绝缘子串，包含单联或多联，多联之间通过金具连接，可独立施工。如多联之间无金具相连，彼此保持相互独立，上下有独立的挂点，为两串或多串金具绝缘子"串"。

（4）审查注意事项

审核导线悬垂、跳线金具绝缘子串重新组价：注意区分绝缘子的型号、组合形式。同塔非同时架设多回路或邻近有带电线路时，在架设下一回时注意调整系数。

3. 跳线制作及安装

（1）工程量计算规则

按设计数量，以单相计算。

（2）管理规定

根据《电力建设工程预算定额（2018年版）第四册 架空输电线路工程》，跳线悬垂串线夹安装，执行"导线悬垂线夹安装"定额。

（3）审查重点

跳线类型是指软跳线和刚性跳线，其安装不包括软跳线间隔棒安装、刚性跳线鼠笼外两端引流线间隔棒安装，发生时执行"导线间隔棒"清单。

（4）审查注意事项

注意核查，一般情况下软跳线数量＝耐张塔数量×回路数×3；有电缆终端塔的情况下，根据图纸核实终端塔软跳线数量。

4. 防振锤、导线间隔棒、相间间隔棒

（1）工程量计算规则

按设计数量，防振锤、导线间隔棒以个计算，相间间隔棒以组计算。

（2）管理规定

1）根据《输电线路工程工程量计算规范》Q/GDW 11339—2023，"其他金具安装"是指与绝缘子串不相连而需要独立安装的单元，如防震锤、重锤、间隔棒、阻尼线、阻冰环等。

2）根据《输电线路工程工程量计算规范》Q/GDW 11339—2023，避雷线、OPGW、耦合屏蔽线金具串执行"其他金具安装"项目，但不含安装工作内容。

3）根据《电力建设工程预算定额（2018年版）第四册 架空输电线路工程》，防震锤安装时需缠绕预绞丝的，按"防震锤安装"定额乘以系数1.2。

4）根据《电力建设工程预算定额（2018年版）第四册 架空输电线路工程》，跳线间隔棒安装执行"导线间隔棒"定额。

（3）审查重点

1）依据杆塔明细表审核项目特征及清单工程量（不含损耗）。

2）按照设计数量计算，不含损耗。

（4）审查注意事项

1）注意清单子目计列了其他金具的材料费、安装费以及避雷线、OPGW、耦合屏蔽线金具串的材料费。

2）避雷线、OPGW、耦合屏蔽线金具串的安装费在"避雷线架设""OPGW架设"清单子目中。

8.1.6 辅助工程

1. 输电线路试运行

（1）工程量计算规则

按设计数量，以回路计算。

（2）管理规定

1）根据《电力建设工程预算定额（2018年版）第四册 架空输电线路工程》，输电线路试运行定额按线路长度50km以内考虑。超出50km时，每增加50km按定额乘以系数0.2，不足50km按50km计算。

2）根据《电力建设工程预算定额（2018年版）第四册 架空输电线路工程》，输电线路试运行工作内容包含线路参数测量。

（3）审查重点

按图纸计算工程量，必要时提供试验报告。

（4）审查注意事项

1）注意回路数的确定。

2）注意结算综合单价组价时根据定额调整系数。

3）对于单一输电线路工程，若该工程既包含架空线路部分，又包含电缆线路部分：在架空线路部分中计取"输电线路试运行"费用，在电缆线路部分中计取"电缆参数试验"费用。

4）对于单一输电线路工程，只含架空线路部分或电缆线路部分：只计取"输电线路试运行"费用。

2. 尖峰、基面、排洪（水）沟、护坡、挡土（水）墙、防撞墩（墙）土石方开挖

（1）工程量计算规则

按设计图示尺寸，以体积计算。

（2）审查重点

1）地质类别按岩土工程勘测报告提供的地质资料描述确定。

2）尖峰及施工基面土石方量计算，按设计提供的基面标高并按地形、地貌以实际情况进行计算，并进行业主、监理、设计、施工四方确认。

（3）审查注意事项

1）注意审查时应依据断面图、基础明细表、地质或设计文件等资料，核实项目特征及清单工程量。

2）清单子目列尖峰、基面、排水沟、护坡及挡土墙的土方开挖费用，基础土方开挖费用计入"挖孔基础挖方"清单子目中。

3）工程量难以计算时，建议根据实际情况由业主、监理、设计、施工四方认证。

3. 排洪（水）沟、护坡、挡土（水）墙、围堰、防撞墩（墙）砌（浇）筑

（1）工程量计算规则

按设计图示尺寸，以体积计算。

（2）管理规定

根据《电力建设工程预算定额（2018 年版）第四册 架空输电线路工程》，浆砌护坡和挡土墙砌筑中的砂浆用量，按设计规定计算。设计未规定，其砂浆用量按护坡和挡土墙体积的 20％计列。

（3）审查重点

由于施工图中的护坡、挡土墙、排洪沟砌筑工程量为理论计算量，其工程量与实际施工存在差异，因此护坡、挡土墙、排洪沟砌筑工程量按照实际施工量计列，该工程量进行业主、监理、设计、施工四方确认，并在竣工图中体现。

（4）审查注意事项

注意浆砌护坡、挡土墙综合单价组价时，砂浆用量的比例应符合定额规定。

4. 标志牌、防鸟装置、防坠落装置

（1）工程量计算规则

按设计数量，标志牌以块计算，防鸟装置以个计算，防坠落装置以长度计算。

（2）管理规定

根据《电力建设工程概预算定额使用指南（2018 年版）第五册 输电线路工程》，防鸟板、防鸟罩、机械式驱鸟器安装执行"防鸟刺安装"定额，电子式驱鸟器安装执行"驱鸟器安装"定额。

（3）审查重点

1）依据设计说明、安装图纸审核项目特征及清单工程量。

2）按图纸计算工程量，不按材料清册量计算。

（4）审查注意事项

注意防鸟刺单价远低于驱鸟器单价。

5. 避雷器

（1）工程量计算规则

按设计数量，以单相（极）计算。

（2）审查重点

1）依据设计说明、安装图纸审核项目特征及清单工程量。

2）按图纸计算工程量，不按材料清册量计算。

6. 耐张线夹 X 射线探伤

（1）工程量计算规则

按设计数量，以基计算。

（2）管理规定

根据《电力建设工程概预算定额使用指南（2018 年版）第五册 输电线路工程》，本清单项是指单回路每基单侧的导线、避雷线耐张线夹探伤，如多回路或每基双侧探伤时按表 8.1 调整。

耐张线夹 X 射线探伤回路数调整系数表   表 8.1

回路数	每基单侧			每基双侧		
	人工	材料	机械	人工	材料	机械
一回路	1.00	1.00	1.00	1.75	2.00	1.75
二回路	1.75	2.00	1.75	3.05	4.00	3.05
三回路	2.50	3.00	2.50	4.40	6.00	4.40
四回路	3.00	4.00	3.00	5.25	8.00	5.25

（3）审查重点

1）依据图纸审核项目特征及清单工程量。

2）结算项目特征与清单特征一致，否则需要新增清单项目。

7. 索道设施

（1）工程量计算规则

按设计数量，以处计算。

（2）管理规定

1）根据《电力建设工程预算定额（2018 年版）第四册 架空输电线路工程》，索道设施运输、安装定额包括木支架、钢支架运输，木支架制作安装，钢支架安装，牵引设备、绳索及附件安装。

2）索道设施［牵引设备、木（钢）支架、绳索及附件］运输、安装，均含上料点 100m 范围内移运就位，如超过 100m，超过部分按"金具、绝缘子、零星钢材"运输子目另计工地运输（最大荷载 5t 的索道用设施一般不另计人力运输）；初步设计阶段索道用设施运输重量可参考表 8.2。

索道用设施运输重量参考表（单位：t/套） 表8.2

形式	荷载	跨度			
		300m 以内	600m 以内	900m 以内	900m 以上
往复式	1t	4.4	6.5	7.5	8.5
	2t	5.5	8.5	10.0	11.5
循环式	1t	4.9	7.4	8.8	10.3
	2t	6.4	10.4	12.7	15.2

3）索道支架按实际支架个数计算；若初步设计阶段不能确定具体支架数量时，按每300m 一跨计算 2 个支架，每增加 300m 增加 1 个支架，不足 300m 按 300m 计算。

4）运输：①支架运输定额已综合考虑了索道形式（循环式、往复式），实际工程中均不得调整。②绳索及附件运输定额已综合考虑了绳索型号规格，并按表8.3配置了承载索数量，实际工程中均不得调整。③复合支架运输，执行"钢支架运输"定额。

承载索配置数量表 表8.3

荷载重量(t)	1	2	3
往复式	1线	2线	4线
循环式	2线	3线	5线

5）安装：①索道设施安装定额均包括施工完成后相应的拆除工作。②支架安装包括索道支架所需场地平整。③木支架制作安装、钢支架安装定额已综合考虑了材质、结构形式、支架高度、施工方法，不同时不作调整。④复合材料支架安装，执行"钢支架安装"定额。⑤牵引设备、绳索及附件等安装均已综合考虑了各种型号、材质，不同时不作调整。

6）其他：①定额跨度为一级索道的跨度，若搭设多级索道时，第二级索道用设施的运输（自第一级索道上料点至第二级索道上料点的运输）按照工地运输定额的金具、零星钢材索道运输子目乘以系数 1.5，第三级索道用设施的运输按照第二级索道用设施运输乘以系数 1.5，以此类推。②定额计量单位"处"是指一级索道为一处，初步设计阶段需采用索道运输的线路段可按每基塔一处计算。

（3）审查重点

1）依据图纸及施工方案审核项目特征及清单工程量。

2）"索道设施"的计量单位"处"是指一级索道为一处。

3）结算项目特征与清单特征一致，否则需要新增清单项目。

（4）审查注意事项

清单子目只计列索道的安装费用，而砂石、水泥、金具、塔材等材料的索道运输费用计入各清单项中。

8. 固沙（土）

（1）工程量计算规则

按设计或施工组织设计图示尺寸，以面积计算。

（2）审查重点

1）依据图纸及施工方案审核项目特征及清单工程量。

2）结算项目特征与清单特征一致，否则需要新增清单项目。

9. 弃方外运与处置

（1）工程量计算规则

按设计或施工组织设计图示数量，以体积计算。

（2）审查重点

1）依据图纸审核项目特征及清单工程量。

2）弃方外运与处置的外运是指运距 100m 以上的运输，100m 范围内的运输含在清单项工作内容中；本清单不适用泥浆的外运与处置。

3）结算项目特征与清单特征一致，否则需要新增清单项目。

8.2 架空线路工程措施项目工程结算审查

本节对临时围堰、施工降水、钢板桩维护、打拔木桩、施工道路等措施项目进行具体分析。

1. 临时围堰

（1）工程量计算规则

按设计或施工组织设计图示数量，以基计算。

（2）管理规定

审查注意施工方案及工程量确认单是否齐备，实际工程量与项目特征中描述是否有偏差。

（3）审查重点

依据图纸、施工方案核实水深，注意区分临时围堰与永久性围堰。

2. 施工降水

（1）工程量计算规则

按设计数量，以基计算。

（2）审查重点

需施工单位提供由业主、监理、设计、施工四方签字确认的降水面积、塔基数量等，并提供施工照片，以此为依据结算。

3. 钢板桩维护

（1）工程量计算规则

按设计图示尺寸，以质量计算。

（2）审查重点

1）依据设计说明、施工方案审核项目特征及清单工程量。

2）结算项目特征与清单特征一致，否则需要新增清单项目。

4. 打拔木桩

（1）工程量计算规则

按设计或施工组织设计图示数量，以体积计算。

（2）审查重点

结算项目特征与清单特征一致，否则需要新增清单项目。

5. 施工道路

（1）工程量计算规则

按设计或施工组织设计图示数量，以面积计算。

（2）管理规定

1）机械化施工临时施工道路的工程量、施工方案应按"基"提资，其钢板租赁、修路列入"辅助工程"，钢板租赁周期110kV按40天/基、220kV按45天/基、500kV按50天/基。附着物赔偿、复垦等费用列入相应子目。

2）审查注意施工方案及工程量确认单是否齐备，实际工程量与项目特征描述是否有偏差。

（3）审查重点

1）依据设计说明、施工方案审核项目特征及清单工程量。

2）结算项目特征与清单特征一致，否则需要新增清单项目。

第**9**章

电缆输电线路工程结算审查

9.1 电缆建筑工程结算审查

本节按分部分项工程量和措施项目工程量两部分内容，针对电缆输电线路工程清单工程量在结算审核过程中的多发问题、工程造价影响较大及风险等级较高的问题，汇总形成电缆输电线路工程结算审核重点。

9.1.1 电缆建筑工程分部分项工程结算审查

本小节对土石方工程量、砌体工程、混凝土工程、钢筋工程、电缆埋管工程、工井工程、辅助工程等分部分项工程量进行具体分析。

9.1.1.1 土石方工程

1. 土石方开挖及回填

（1）工程量计算规则

原地面线以下按构筑物最大水平投影面积乘以挖土深度（原地面平均标高至槽坑底标高），以体积计算。

（2）管理规定

根据《电力建设工程预算定额（2018年版）第五册 电缆输电线路工程》，各类土、石质按设计地质资料确定，不作分层计算。同一坑、槽、沟内出现两种或两种以上不同土、石质时，则一般选用含量较大的一种确定其类型，出现流砂层时，不论其上层土质占多少，全坑均按流砂坑计算。出现地下水涌出时，全坑按水坑计算。

（3）审查重点

1）挖土方平均厚度按自然地面测量标高至设计地坪标高间的平均厚度确定。基础土方、石方开挖深度按基础垫层底表面标高至交付施工场地标高确定，无交付施工场地标高时，按自然地面标高确定。

2）土石方开挖及回填工程量按设计尺寸的净量计算，含垫层宽度及厚度，不含施工操作裕度及放坡增加的尺寸。

3）挖方类别指挖沟槽或挖基坑。土方开挖及回填清单指原土回填，其他材料回填执行措施项目回（换）填清单项目。

（4）审查注意事项

1）该条清单项工作内容含"余土外运及处理"，注意不能另计余土弃置费用（清单/最高投标限价编制的常见错误：既列"工井挖方及回填"清单项，又列"余土外运"清单项，须特别注意）。

2）土壤类别、挖土深度实际与清单不一致时，要对综合单价进行调整。

2. 开挖路面

（1）工程量计算规则

按设计图示尺寸，以面积计算。

（2）审查重点

结算项目特征与清单特征一致，否则需要新增清单项目。

（3）审查注意事项

注意结算量与理论值不能偏差过大。

3. 修复路面

（1）工程量计算规则

按设计图示尺寸，以面积计算。

（2）审查重点

结算项目特征与清单特征一致，否则需要新增清单项目。

（3）审查注意事项

一般情况下，本清单项工程量与"开挖路面"工程量一致。

9.1.1.2 砌体工程

砖砌体

（1）工程量计算规则

按设计图示尺寸，以体积计算。

（2）审查重点

1）依据设计说明、施工图审核项目特征及清单工程量。

2）结算项目特征与清单特征一致，否则需要新增清单项目。

9.1.1.3 混凝土工程

1. 混凝土浇筑

（1）工程量计算规则

按设计图示尺寸，以实体体积计算。

（2）审查重点

混凝土浇筑部位为沟道、排管、检查井等，结算项目特征与清单特征一致，否则需要新增清单项目。

（3）审查注意事项

实际混凝土强度等级与清单不一致时，要对综合单价进行调整。

2. 垫层

（1）工程量计算规则

按设计图示尺寸，以体积计算。

（2）审查重点

混凝土浇筑部位为沟道、排管、检查井等，结算项目特征与清单特征一致，否则需要新增清单项目。

（3）审查注意事项

实际混凝土强度等级与清单不一致时，要对综合单价进行调整。

3. 预制混凝土构件

（1）工程量计算规则

1）按设计图示尺寸，以体积计算。

2）按设计图示数量计算，以套为计算。

3）按设计图示数量计算，以块为计算。

（2）审查重点

根据设计文件按设计图示尺寸以体积计算，不扣除构件内钢筋、预埋铁件所占体积。

（3）审查注意事项

根据《电力建设工程预算定额（2018年版）第五册 电缆输电线路工程》，盖板制作已包含"模板制作、安拆，钢筋制作、安装，混凝土搅拌、捣固，养护，成品起模，归堆，砂找平，清理现场，工器具移运等"。盖板钢筋、包边型钢均包含在本清单中。

4. 防水

（1）工程量计算规则

按设计图示尺寸，以面积计算。

（2）审查重点

工程量按设计文件图示尺寸，以面积计算，不计算损耗工程量。

9.1.1.4 钢筋工程

1. 钢筋

（1）工程量计算规则

按设计图示数量，以质量计算。

（2）审查重点

1）工程量按设计文件图示尺寸，以质量计算，不计算损耗工程量。

2）钢筋工程量由结构钢筋、构造钢筋、措施钢筋及搭接钢筋组成（搭接钢筋指国家现行规范或设计标明的搭接，其他施工搭接不计算）。

（3）审查注意事项

1）工程量按设计文件图示尺寸，以质量计算，不计算损耗工程量。如设计文件中注明搭接时，按设计要求计算搭接长度。如未注明搭接时，不计算搭接长度。

2）注意盖板圆钢是否重复计列。

2. 预埋铁件

（1）工程量计算规则

按设计图示数量，以质量计算。

（2）审查重点

工程量按设计文件图示尺寸，以质量计算，不计算损耗工程量。

（3）审查注意事项

注意盖板包边角钢是否重复计列。

3. 钢构件

（1）工程量计算规则

按设计图示数量，以质量计算。

（2）审查重点

工程量按设计文件图示尺寸，以质量计算，不计算损耗工程量。

9.1.1.5　电缆埋管工程

1. 排管敷设

（1）工程量计算规则

按设计图示管道中心线长度（扣除工井等附属构筑物所占长度），以单孔总长度计算。

（2）审查重点

按照管道中心线长度（扣除检查井所占长度），以单孔长度计算。

2. 水平导向钻进

（1）工程量计算规则

按设计图示数量（含弧长，扣除工井等附属构筑物所占长度），以长度计算。

（2）管理规定

根据《电力建设工程预算定额（2018年版）第五册 电缆输电线路工程》：

1）本定额按普通土土质考虑。施工中遇坚土、松砂石土质，定额乘以系数1.6；遇泥水、流砂土质，定额乘以系数1.7；遇岩石地质，定额乘以系数5.2。

2）定额已综合考虑管材材质，使用时不能由于管材材质不同而调整。

3）本定额未考虑泥浆外运的内容，发生时根据外运形式，费用另计。

（3）审查重点

按设计图示尺寸以长度计算，管材的弧度予以计取，多管电缆拉管工程中，按集束最大扩孔直径计算及定额选取。

（4）审查注意事项

1）注意本清单项工程量应与三维测绘报告一致，建议核对三维测绘报告。

2）根据《电力建设工程预算定额（2018年版）第五册 电缆输电线路工程》，非开挖水平导向钻进：

①单管敷设子目按管材直径划分，按设计长度计算（含弧度），以"m"为计量单位。

②多管敷设子目按集束最大扩孔直径划分，按设计长度计算（含弧度），以"m"为

计量单位。

3）注意定额套用是否正确，结算工程量是否一致。

3. 顶电缆保护管

（1）工程量计算规则

按设计图示数量（扣除工井等附属构筑物所占长度），以单孔总长度计算。

（2）审查重点

1）扣除检查井所占长度，以单孔总长度计算。

2）顶电缆保护管是指顶直径不大于 300mm 的电缆保护管。

9.1.1.6 工井工程

1. 砌筑工井

（1）工程量计算规则

1）按设计图示数量，以座计算。

2）按设计图示尺寸，以体积计算。

（2）管理规定

根据《输电线路工程工程量计算规范》Q/GDW 11339—2023，"砌筑工作井"设计图纸所示体积为实体体积，包括砌体与混凝土数量总和，应扣除人孔、井壁凸口等孔洞及垫层、集水坑、井筒、盖板体积。

（3）审查重点

1）砌筑工井、混凝土工井工作包括除土方、集水井、井筒、井盖、钢筋、预埋铁件之外的所有工作内容。

2）结算项目特征与清单特征一致，否则需要新增清单项目。

（4）审查注意事项

注意本清单项包含混凝土工程量（常见为圈梁、压顶等工程），不能将该部分工程量列入"混凝土工井"清单项。

2. 混凝土工井

（1）工程量计算规则

1）按设计图示数量，以座计算。

2）按设计图示尺寸，以体积计算。

（2）审查重点

1）砌筑工井、混凝土工井工作包括除土方、集水井、井筒、井盖、钢筋、预埋铁件之外的所有工作内容。

2）结算项目特征与清单特征一致，否则需要新增清单项目。

3. 沉井

（1）工程量计算规则

按设计图示数量，以座计算。

（2）审查重点

1）沉井工作包括除土方、集水井、井筒、井盖、钢筋、预埋铁件之外的所有工作内容。

2）结算项目特征与清单特征一致，否则需要新增清单项目。

4. 集水井

（1）工程量计算规则

按设计图示数量，以座计算。

（2）审查重点

1）集水井工作包括除土方、集水井、井筒、井盖、钢筋、预埋铁件之外的所有工作内容。

2）结算项目特征与清单特征一致，否则需要新增清单项目。

5. 充砂

审查注意事项：

注意现场是否实施到位（容易出现现场未实施或实施不到位，与图纸要求不符），建议现场踏勘核实。

9.1.1.7　辅助工程

1. 栏杆、栅栏、围栏、围墙

（1）工程量计算规则

按照设计图示数量，以面积计算。面积＝中心线长度×高度。高度从原始地面标高算至顶标高。

（2）管理规定

1）根据《输电线路工程工程量计算规范》Q/GDW 11339—2023，隧道工程工程量清单项目执行现行国家标准《市政工程工程量计算规范》GB 50857 相应工程量清单项目。

2）根据《输电线路工程工程量计算规范》Q/GDW 11339—2023，辅助工程工程量清单项目执行《变电工程工程量计算规范》Q/GDW 11338—2023 中变电建筑工程工程量清单项目。

（3）审查重点

结算项目特征与清单特征一致，否则需要新增清单项目，按照中心线长度×高度计算面积。高度从原始地面标高算至顶标高。

2. 回（换）填

（1）工程量计算规则

按设计图示尺寸，以体积计算。

（2）管理规定

1）根据《输电线路工程工程量计算规范》Q/GDW 11339—2023，隧道工程工程量清单项目执行现行国家标准《市政工程工程量清单计算规范》GB 50857 相应工程量清单项目。

2）根据《输电线路工程工程量计算规范》Q/GDW 11339—2023，辅助工程工程量清单项目执行《变电工程工程量计算规范》Q/GDW 11338—2023 中变电建筑工程工程量清单项目。

（3）审查重点

结算项目特征与清单特征一致，否则需要新增清单项目。

3. 弃方外运及处置

（1）工程量计算规则

按设计或施工组织设计图示数量，以体积计算。

（2）管理规定

1）根据《输电线路工程工程量计算规范》Q/GDW 11339—2023，隧道工程工程量清单项目执行现行国家标准《市政工程工程量清单计算规范》GB 50857 相应工程量清单项目。

2）根据《输电线路工程工程量计算规范》Q/GDW 11339—2023，辅助工程工程量清单项目执行《变电工程工程量计算规范》Q/GDW 11338—2023 中变电建筑工程工程量清单项目。

（3）审查重点

1）弃方外运与处置的外运指运距 100m 以上的运输，100m 范围内的运输含在清单项工作内容中；本清单不适用泥浆的外运与处置。

2）结算项目特征与清单特征一致，否则需要新增清单项目。

9.1.2 电缆建筑工程措施项目工程结算审查

本小节对轻型井点降水系统安拆、轻型井点降水系统运行、基坑明排水降水系统运行、施工道路、临时设施费、安全文明施工费等措施项目进行具体分析。

1. 轻型井点降水系统安拆

（1）工程量计算规则

井管根数根据施工组织设计确定，施工组织设计无规定时，按照 1.4m/根计算。

（2）审查重点

需施工单位提供由业主、监理、设计、施工四方签字确认的结算工程量，并提供施工照片，以此为依据结算。

2. 轻型井点降水系统运行

（1）工程量计算规则

按照 70m 长水平管网累计运行 24h 计算，每套是由一根管井与一台排水泵及排水管线构成。

（2）审查重点

需施工单位提供由业主、监理、设计、施工四方签字确认的结算工程量，并提供施工照片，以此为依据结算。

（3）审查注意事项

降水方式清单与实际不一致时，综合单价要进行调整。

3. 基坑明排水降水系统运行

（1）工程量计算规则

计算套数时按照运行的排水泵台数计算，每台运行的排水泵计算一套，累计运行 24h

计算一天。

（2）审查重点

需施工单位提供由业主、监理、设计、施工四方签字确认的结算工程量，并提供施工照片，以此为依据结算。

4. 施工道路

（1）工程量计算规则

按设计或施工组织设计图示尺寸，以面积计算。

（2）审查重点

结算项目特征与清单特征一致，否则需要新增清单项目。

（3）审查注意事项

施工道路长度变更时，材料运输要进行相应调整。

5. 临时设施费

（1）管理规定

1）国网浙江省电力有限公司统一合同模板《输变电工程施工合同（2019版）》中专用合同条款6.1.2：除合同另有约定外，承包人应自行承担修建临时设施的费用，需要临时占地的且需承包人自行办理的，应由承包人自行办理申请及使用手续并承担地上附着物及青苗补偿、临时占地及场地平整、场地租用、复垦等相关费用。

2）国网浙江省电力有限公司统一合同模板《输变电工程施工合同（2019版）》中安全协议书：以下费用应按规定从临时设施费中计列，不能占用工程项目施工安全文明施工费。包括：职工宿舍、办公、生活、文化等公用房屋和构筑物及其附属物，生产用车间、工棚、加工厂，设备材料仓库、棚库，围墙、水源（支管）、电源（380/220V）、道路（支线）及施工现场内的通信设施费用。

3）安全文明施工费、临时设施费应按《电网工程建设预算编制与计算规定（2018年版）》规定的费率计价，施工单位投标报价时不可竞争。

4）根据《电网工程建设预算编制与计算规定（2018年版）》，临时设施费包括：职工宿舍、办公、生活、文化、福利等公用房屋，仓库、加工厂、工棚、围墙等建（构）筑物，站区围墙范围内的临时施工道路及水、电（含380V降压变压器）、通信的分支管线，以及建设期间的临时隔墙等。

（2）审查注意事项

1）结算时按投标时的费率结算。

2）核对投标费率与招标清单费率是否一致。

3）现场签证中若出现施工围挡内容，注意判断是否与临时设施费重复（临时设施费中包含施工围挡费用）。

6. 安全文明施工费

（1）管理规定

1）安全文明施工费、临时设施费应按《电网工程建设预算编制与计算规定（2018年版）》规定的费率计价，施工单位投标报价时不可竞争。

2）根据《电网工程建设预算编制与计算规定（2018年版）》，安全文明施工费包括：

安全生产费、文明施工费、环境保护费。安全生产费：施工企业专门用于完善和改进企业或者项目安全生产条件的资金；文明施工费：施工现场文明施工所需要的各项费用；环境保护费：施工现场为达到环境保护部门要求所需要的各项费用。

（2）审查注意事项

1）结算时按投标时的费率结算。

2）核对投标费率与招标清单费率是否一致。

3）注意复绿、复垦、植生袋等是否与安全文明施工费、施工场地租用费重复。

9.2 电缆安装工程结算审查

本节对电缆桥架、支架制作安装，电缆敷设，电缆附件，电缆防护，调试及试验、电缆监测（控）系统等分部分项工程量，电缆加热、电缆 GIS 头辅助工作（电缆穿仓）、空调机、去湿机安装与拆除、特殊工作棚、临时支架（终端塔平台）搭、拆等措施项目进行具体分析。

9.2.1 电缆安装工程分部分项工程结算审查

9.2.1.1 电缆桥架、支架制作安装

1. 电缆桥架

（1）工程量计算规则

按设计图示数量，以质量或长度计算。

（2）审查重点

1）桥架为购买成品安装时，工作内容不包含制作，材料价格为成品价格。

2）工程量计算按净用量计算，损耗含在综合单价中。

2. 电缆支架

（1）工程量计算规则

按设计图示数量，以质量计算或按设计图示数量，以副计算。

（2）审查重点

1）支架为购买成品安装时，工作内容不包含制作，材料价格为成品价格。

2）工程量计算按净用量计算，损耗含在综合单价中。

（3）审查注意事项

注意最高投标限价中成品支架是否重复计列制作费。

9.2.1.2 电缆敷设

1. 电缆敷设

（1）管理规定

1）根据《电力建设工程预算定额（2018 年版）第五册 电缆输电线路工程》，电缆敷设以"m/三相"为计量单位，已综合考虑电缆固定绳包扎、固定金具安装、测温电缆敷设等工作，固定绳、固定金具测温电缆按未计价材料另计。

2）电缆敷设定额按铜芯电缆考虑。如采用铝芯可以参考同截面电缆，按相应定额人

工、机械乘以系数0.9。

3）35kV交联电缆定额按单芯电缆考虑，如为三芯电缆，按相同截面的定额乘以系数0.5。

4）电缆敷设长度以设计材料清单的计算长度为依据，包括材料损耗、波（蛇）形敷设、接头制作和两端预留弯头等附加长度。

5）电缆沿桥架敷设执行排管敷设定额。

6）垂直敷设电缆执行隧道内电缆敷设定额，人工、机械乘以系数2.0。

（2）审查注意事项

直埋敷设工程量＋电缆沟、槽敷设工程量＋埋管内敷设工程量＋电缆隧道敷设工程量＋桥架敷设工程量＋栈桥敷设工程量＝设计材料清单中的电缆长度。

2. 直埋敷设

（1）工程量计算规则

按设计图示数量，以长度计算。

（2）审查重点

电缆敷设长度以设计材料清单的计算长度为依据，包括材料损耗、波（蛇）形敷设、接头制作和两端预留弯头等附加长度。

3. 揭、盖盖板

（1）工程量计算规则

按设计图示数量，以块计算。

（2）管理规定

根据《电力建设工程概预算定额使用指南（2018年版）第五册 输电线路工程》，一块电缆沟盖板，揭一次盖板，盖一次盖板，其工程量为1块，盖板单揭或单盖时，定额乘以系数0.6。

（3）审查重点

"块"是按一揭一盖为一次考虑。

（4）审查注意事项

注意工程量的确定原则：揭一次、盖一次，工程量为1。

4. 电缆沟、浅槽敷设

（1）工程量计算规则

按设计图示数量，以长度计算。

（2）审查重点

电缆敷设长度以设计材料清单的计算长度为依据，包括材料损耗、波（蛇）形敷设、接头制作和两端预留弯头等附加长度。

5. 埋管内敷设、隧道内敷设、桥架内敷设、栈桥内敷设

（1）工程量计算规则

按设计图示数量，以长度计算。

（2）审查重点

电缆敷设长度以设计材料清单的计算长度为依据，包括材料损耗、波（蛇）形敷设，

接头制作和两端预留弯头等附加长度。

9.2.1.3　电缆附件

1. 电缆终端

（1）工程量计算规则

按设计图示数量，以套/三相或套/两极计算。

（2）管理规定

根据《电力建设工程预算定额（2018 年版）第五册 电缆输电线路工程》，定额不包括 110kV 及以上电压等级 GIS 终端、变压器终端的六氟化硫的收、充气。

（3）审查重点

计量单位为"套"，交流线路工程计量单位为"套/三相"，直流线路工程计量单位为"套/两极"。

（4）审查注意事项

1）注意本清单项工程量应与电缆回路数相匹配：一般情况下，每回电缆有 2 套/三相电缆终端。

2）注意本清单项不包含 110kV 及以上电压等级 GIS 终端、变压器终端的六氟化硫的收、充气费用。

2. 中间接头

（1）工程量计算规则

按设计图示数量，以套/三相或套/两极计算。

（2）审查重点

计量单位为"套"，交流线路工程计量单位为"套/三相"，直流线路工程计量单位为"套/两极"。

3. 接地装置

（1）工程量计算规则

按设计图示数量，以套或套/三相计算。

（2）管理规定

1）根据《输电线路工程工程量计算规范》Q/GDW 11339—2023，工作内容包含接地箱基础浇制、安装、接线、接地。

2）根据《电力建设工程概预算定额使用指南（2018 年版）第三册 电气设备安装工程》，每根接地极长度定额按 2.5m 考虑，若长度超过 2.5m 时，乘以系数 1.25。接地极安装不包括接地极之间的连接，接地极之间的连接套用相应接地敷设定额。

3）接地敷设定额不包括土石方开挖及回填。

（3）审查重点

按工程设计图纸计算，以套为单位。如为三相式，则以三相为一套，即套/三相。如为单相式，则以单相为一套，即套/单相。

（4）审查注意事项

1）注意本清单项工作内容包含接地箱基础浇制，若已计列本清单项，则建筑部分不应单独计列"接地箱基础浇制"清单项。

2）注意本清单项工作内容包含接地箱安装、接线、接地，若已计列本清单项，则不应单独计列"接地缆"清单项。

4. 避雷器

（1）工程量计算规则

按设计图示数量计算，以组/三相计算。

（2）审查重点

结算项目特征与清单特征一致，否则需要新增清单项目。

5. 支持绝缘子

（1）工程量计算规则

按设计图示数量，以柱计算。

（2）审查重点

结算项目特征与清单特征一致，否则需要新增清单项目。

9.2.1.4 电缆防护

1. 电缆防护

（1）工程量计算规则

按设计图示数量计算。

（2）审查重点

1）电缆防护包括电缆的防火、防水、防爆等。项目特征"形式"指防火带、防火槽、防火涂料、防火弹、防火墙、孔洞防火封堵、防火隔板、防火门、充砂等。

2）防火带、防火槽计量单位为"m"，按设计图示数量以长度计算。防火涂料、防火墙、防火隔板计量单位为"m^2"，按设计图示数量以面积计算。防火弹和接头保护盒计量单位为"个"，按设计图示数量以个计算。孔洞防火封堵计量单位为"t"，按设计图示数量以质量计算。充砂计量单位为"m^3"，按设计图示数量以体积计算。

2. 电缆防火

（1）工程量计算规则

1）以"m"为计量单位，按设计图示长度计算。

2）以"t"为计量单位，按实际图纸质量计算。

3）以"m^2"为计量单位，按设计图纸面积计算。

4）以"套"为计量单位，按设计图纸数量计算。

（2）审查重点

1）电缆防护包括电缆的防火、防水、防爆等。项目特征"形式"指防火带、防火槽、防火涂料、防火弹、防火墙、孔洞防火封堵、防火隔板、防火门、充砂等。

2）防火带、防火槽计量单位为"m"，按设计图示数量以长度计算。防火涂料、防火墙、防火隔板计量单位为"m^2"，按设计图示数量以面积计算。防火弹和接头保护盒计量单位为"个"，按设计图示数量以个计算。孔洞防火封堵计量单位为"t"，按设计图示数量以质量计算。充砂计量单位为"m^3"，按设计图示数量以体积计算。

3. 电缆保护管

（1）工程量计算规则

按设计图示数量，以长度计算。

（2）审查重点

结算项目特征与清单特征一致，否则需要新增清单项目。

9.2.1.5 调试及试验

1. 电缆护层试验

（1）工程量计算规则

按设计图示数量计算。

（2）管理规定

根据《电力建设工程概预算定额使用指南（2018年版）第三册 电气设备安装工程》，电缆互层试验，包括遥测、耐压试验和交叉互联系统试验，电缆互层试验子目均以"互联段/三相"为计量单位。互联段通常在电缆线路中，为了平衡各种参数，将一个线路分为三个或三的倍数的等长线路段，在交接处ABC三相按顺序换位，其中一段称为一个交叉互联段，不形成一个交叉互联段也按一段计算。

（3）审查重点

按图纸计算工程量，必要时提供试验报告。

2. 电缆耐压试验

（1）工程量计算规则

按设计图示数量计算。

（2）管理规定

根据《电力建设工程概预算定额使用指南（2018年版）第三册 电气设备安装工程》，电缆互层试验，包括遥测、耐压试验和交叉互联系统试验，电缆互层试验子目均以"互联段/三相"为计量单位。互联段通常在电缆线路中，为了平衡各种参数，将一个线路分为三个或三的倍数的等长线路段，在交接处ABC三相按顺序换位，其中一段称为一个交叉互联段，不形成一个交叉互联段也按一段计算。

（3）审查重点

按图纸计算工程量，必要时提供试验报告。

3. 电缆参数试验

（1）工程量计算规则

按设计图示数量计算。

（2）审查重点

按图纸计算工程量，必要时提供试验报告。

（3）审查注意事项

1）对于单一输电线路工程，若该工程既包含架空线路部分，又包含电缆线路部分：在架空线路部分中计取"输电线路试运行"费用，在电缆线路部分中计取"电缆参数试验"费用。

2）对于单一输电线路工程，只含架空线路部分或电缆线路部分：只计取"输电线路试运行"费用。

4. 充油电缆绝缘油试验

（1）工程量计算规则

按设计图示数量计算。

（2）审查重点

按图纸计算工程量，必要时提供试验报告。

5. 波阻抗试验

（1）工程量计算规则

按设计图纸数量计算。

（2）管理规定

根据《35～750kV 输变电工程安装调试定额应用第 2 项指导意见（2021 年版）》各电压等级均不计列。

（3）审查注意事项

结算时该项不计列。

6. 电缆局部放电试验

（1）工程量计算规则

按设计图示数量计算。

（2）管理规定

根据《电力建设工程预算定额（2018 年版）第四册 架空输电线路工程》，110kV（66kV）以上电缆采用高频分布式局部放电试验，按电缆接头、终端数量计算，以"只"为计量单位。

（3）审查重点

按图纸计算工程量，必要时提供试验报告。

（4）审查注意事项

注意本清单项工程量＝电缆中间接头数量＋电缆终端头数量。

7. 电缆接头及终端铅封涡流探伤试验

（1）工程量计算规则

按设计图示数量计算。

（2）管理规定

新建高压电缆线路在附件安装时应开展电缆接头及终端铅封涡流探伤试验。试验费用计列标准：依据终端/中端接头数量，不分电压等级，均按 21000 元/组（三相）计列，列入"电缆试验"。

（3）审查重点

按图纸计算工程量，必要时提供试验报告。

（4）审查注意事项

注意本清单项工程量＝电缆中间接头数量＋电缆终端头数量。

8. 输电线路试运行

（1）工程量计算规则

按设计图示数量计算。

（2）管理规定

1）根据《电力建设工程预算定额（2018 年版）第四册 架空输电线路工程》，输电线路试运行定额按线路长度 50km 以内考虑。超出 50km 时，每增加 50km 按定额乘以系数 0.2，不足 50km 按 50km 计算。

2）根据《电力建设工程预算定额（2018 年版）第四册 架空输电线路工程》，输电线路试运行工作内容包含线路参数测量。

（3）审查重点

按图纸计算工程量，必要时提供试验报告。

（4）审查注意事项

1）注意回路数的确定

2）注意结算综合单价组价时根据定额调整系数。

3）对于单一输电线路工程，若该工程既包含架空线路部分，又包含电缆线路部分：在架空线路部分中计取"输电线路试运行"费用，在电缆线路部分中计取"电缆参数试验"费用。

4）对于单一输电线路工程，只含架空线路部分或电缆线路部分：只计取"输电线路试运行"费用。

9.2.1.6　电缆监测（控）系统

在线监测、安保监测：

（1）工程量计算规则

按设计图示数量计算。

（2）审查重点

1）依据图纸审核项目特征及清单工程量。

2）结算项目特征与清单特征一致，否则需要新增清单项目。

9.2.2　电缆安装工程措施项目工程结算审查

1. 电缆加热

（1）工程量计算规则

按设计图示数量，以盘计算。

（2）审查重点

结算项目特征与清单特征一致，否则需要新增清单项目。

2. 电缆 GIS 头辅助工作（电缆穿仓）、空调机、去湿机安装与拆除、特殊工作棚、临时支架（终端塔平台）搭、拆

（1）工程量计算规则

按技术方案要求计算。

（2）审查重点

结算项目特征与清单特征一致，否则需要新增清单项目。

第**10**章

输变电工程结算费用审查

10.1 设备材料费审查

发包人采购的材料称为甲供材料。承包人根据合同进度计划的安排，向发包人提交甲供材料交货日期计划，发包人按计划提供。除合同约定的甲供材料外，承包人采购的材料和设备均由承包人负责采购、运输和保管。承包人对其采购的材料和设备负责。设备材料费用审查要重点关注以下要求：

（1）审查物资合同、施工合同等界面是否重复。

（2）审查甲供物资领用量与竣工图量、现场实际使用量是否匹配，严禁漏报、重复计列。

（3）审查增补采购的设备、甲供材料增补手续是否完整（重点关注乙供改甲供、甲供改乙供情况，是否办理相关审批手续）。

（4）审查产生变更的设备、材料价格是否履行相关审批流程。

（5）审查退库管理是否符合要求。

10.2 措施费审查

措施费是为完成工程项目施工，发生于该工程施工准备和施工过程中的技术、生活、安全、环境保护等方面的项目。措施项目清单根据输变电工程量清单计价规范标准、拟建工程实际情况列项。若出现未计列的项目，可根据实际情况补充。

措施项目分为两类。一类是以"项"计列的"总价项目"，如文明施工和安全防护、临时设施、夜间施工等，按"项"计列的措施项目清单取费费率准确，不可竞争性费用进行标注；一类是以"量"计价的"单价项目"，如综合脚手架、施工道路等，采用分部分项工程量清单的方式编制。措施费用审查要重点关注以下要求：

（1）审查是否超出招标范围列支清单措施项目，严禁随意估列措施项目。

（2）审查与整个建设项目相关而综合取定的措施项目费用，是否参照投标报价或合同约定的取费基数及费率进行结算。

（3）对于拆除、余土外运、场地降水排水、围堰、填土垫道等难以查实或不可追溯的临时措施工作内容，审查现场项目部记录和影像资料。

（4）审查以综合单价形式计价的措施项目，措施项目综合单价不作调整，工程量按实际工程进行调整。

（5）审查以"项"计价的措施项目，原措施费中已有的措施项目，按原有措施费的组价方法调整；原措施费中没有的措施项目，由承包人根据措施项目变更情况，提出适当的措施费变更，经发包人确认后调整。

（6）审查与分部分项实体消耗相关的措施项目，是否依据分部分项工程实体工程量的变化、双方确定的工程量、合同约定的综合单价进行结算。

（7）审查独立性的措施项目是否按合同价中相关的措施项目费用进行结算。

（8）审查与施工组织有关的设计方案，确定停电过渡措施、租地、重要跨越措施等费用计列依据是否正确，费用是否合理。

10.3 安全文明施工费审查

安全文明施工费是在工程项目施工期间，施工单位为保证安全施工、文明施工和保护现场内外环境等所发生的措施项目费用。

建设管理单位在工程开工后的 28 天内预付不低于当年施工进度计划的安全文明施工费总额的 60%，其余部分按照提前安排的原则进行分解，与进度款同期支付。

建设管理单位没有按时支付安全文明施工费的，施工单位可催告建设管理单位支付；建设管理单位在付款期满后 7 天内仍未支付的，若发生安全事故，建设管理单位承担连带责任。

（1）审查安全文明施工费是否按《国网基建部关于规范输变电工程安全文明施工费计列与使用的意见》规定执行。

（2）审查安全文明施工费是否按照行业主管部门规定的费率计算，不作为竞争性费用。安全文明施工费采用"固定投标费率×经审定的实际分部分项工程费或直接工程费"的方式进行结算。若施工过程中，国家或省级、行业主管部门对安全文明施工费进行调整的，措施项目费中的安全文明施工费作相应调整。

10.4 建设场地征用及清理费审查

建设场地征用及清理费结算是为获得工程建设所必需的场地，并使之达到施工所需的正常条件和环境而发生的有关费用进行价款确定的活动。结算范围包括但不限于土地征用费、施工场地租用费、迁移补偿费、余物清理费、输电线路走廊施工赔偿费、通信设施输电线路干扰措施费等。

目前，政策处理是输变电工程建设中重要的一个环节，是输变电部门和当地输变电工程建设涉及的单位、部门、村委会、村民之间对遇到各种问题经过反复谈判的过程。政策处理快慢、是否顺利，直接影响工程建设的工期、进度。因此，政策处理工作守法合规，遵循平等、诚信的原则，积极争取政府部门参与沟通协调，保障电网建设顺利进行与促进当地经济发展的合规性尤其重要。政策处理审查要点：

10.4.1　合规性要求

是指政策处理工作符合国家法律、法规、政策和公司内部管理制度要求，项目赔偿金额合理、取费标准和依据充分、没有虚列工程成本现象等。

1. 法律法规及部门规章制度

政策处理依据的法律法规主要有《中华人民共和国土地管理法》《土地复垦条例》《浙江省临时用地管理办法（试行）》及相关行政部门通知；《中华人民共和国森林法》《浙江省水域保护办法》等及相关行政部门通知；重点审查土地征用、赔偿等支出依据是否充分、合理；同时，国家出台的减负强企惠民政策也有涉及税费减免的，如在一定期限内按80%收取水资源费、水土保持补偿费优惠措施，临时用地不收取植被恢复费等。

2. 属地区、县级行政文件

属地区、县级征地区片综合价标准、青苗及地上附着物补偿标准的文件规定，以及输变电工程建设政策处理实施意见的规定等。青苗补偿应参照当地政府赔偿文件约定各类赔偿标准，严格按文件标准据实列支。列支工作经费，需要提供县级及以上政府部门的规定依据文件。

3. 国家电网有限公司管理制度

国家电网有限公司输变电工程建设制订了资产全生命管理的相关制度，其中有《工程其他费用管理办法》《概算编制原则》《初步设计建设场地征用及清理费提资标准清单》等。在政策处理编制规范上，理赔费用总费用表按单项工程整理、统计，原则上线路工程必须按杆塔编号顺序，按"基"编制；理赔清单的理赔数量应明确详细的赔偿量和大小、尺寸；结算附件完整齐全。建设管理单位应对政策处理费用进行审查盖章，大额赔偿有监理单位或第三方鉴证单位等确认要求。

4. 双方协商或评估价

对特殊物品无市场信息价的，如珍贵的树木有迁移价补偿，有评估价补偿的，双方可协商或评估。评估报告满足相应的评估规范要求，需要影像数据资料支撑。常见问题有苗木评估价显著偏高，对已成熟可上市销售的水产养殖物建议由物主自己销售处理，不应全额补偿等。

10.4.2　相关性要求

政策处理费用是与本工程密切相关，无关费用不得计入本工程。

原则上政策处理的赔偿项目清单与概算列举的项目内容具有相关性。

政策处理以实际种植的青苗或地上附着物为标准，以损失多少补偿多少为原则，如因时间跨度比较长导致变动应保留相关资料佐证。

初步设计阶段，设计单位需要踏勘施工涉及物品的性质、数量、补偿标准等信息，属地公司应配合提供补偿费用标准和工程量统计计列原则等工作。

施工图阶段，设计单位应严格按照确定的施工场地开展专项设计，应重视并做好影像取证工作。建设管理单位组织设计单位向地方规划部门备案，对于备案过程中地方规划调整的，应对终勘定位进行相应调整；对于影响工程实施的重要障碍物，要签订拆迁意向协议。建设管理单位（属地单位）应与地方政府或产权人确定补偿费用并签订协议；如无法达成一致，或经设计单位进行路径方案技术经济比较后补偿方案不占优的，应选择避让方案。

政策处理项目清单与工程内容费用开支具有相关性。

1. 变电工程建设场地征用及清理赔（补）偿项目

（1）征地成本和划拨成本费；集体用地包括失地农民保险费。

（2）征地相关规费有：①耕地及农用地：耕地开垦费［占补（垦）平衡］，耕地占用税，地表土或耕作层土壤剥离、存储费用。②林地：林地调查及采伐许可证，森林植被恢复费，建设管理单位复绿（水保规定）。③草原湿地：植被恢复费。④水域：占补平衡，功能补救措施或等效替代工程方案费用。⑤水土保持费：在山区、丘陵区、风沙区以及易发生水土流失的其他区域。⑥市政绿化：易地绿化费，绿地占用费；绿化补偿费（绿化移植及恢复费）。⑦海域：海域使用金。

（3）地面附属物损失赔偿内容：建筑物、农田渠道、村间道路、大棚、养殖场等，应有损失认定表，并考虑原有附属物的成新率。

（4）青苗、林木、经济作物类赔偿；按实际种植当季作物补偿，补偿方式为受损程度×政府标准×受损面积（丈量取得；拆迁面积按设计）；市政绿化补偿项目内容：易地绿化费、绿地占用费，绿化补偿费包括绿化移植及恢复费。

（5）临时占地：根据施工时间长短计算土地租金；耕地及农用地应含耕地占用税，按期复垦合格可申请退回；地表土或耕作层土壤剥离、存储费；土地复垦方案（拆、清理、平整、恢复），耕地复耕，其他农用地恢复原状。未复垦或复垦不合格要交纳土地复垦费。造成毗邻耕地基础设施损毁的，及时修复。仍然有损失的，双方协商确定。

2. 线路工程建设场地征用及清理赔（补）偿项目

（1）塔基建设补偿项目：塔基占地补偿、塔基开挖临时用地补偿、青苗、林木、经济作物补偿等。

（2）线路及施工通道涉及青苗、林木、经济作物补偿项目：林木砍伐补偿、经济作物赔偿、经济大棚赔偿、林区植被恢复费等。

（3）架空电力线路走廊（包括杆、塔基础）及电缆通道建设不实行征地，对杆、塔基础用地参照征地赔（补）偿标准，对土地承包经营权人或建设用地使用权人给予一次性经济赔（补）偿。其他政策处理费，如施工道路开辟、城市道路占用挖掘费等。

3. 政策处理费用与其他费用的区别

建设场地征用及清理费包含土地征用费、施工场地租用费、迁移补偿费、余物清理费、输电线路走廊施工赔偿费、输电线路跨越补偿费、通信等设施防输电线路干扰措施费、水土保持补偿费。应与项目建设管理费、项目建设技术服务费等其他费用进行区分处理。

10.4.3 必要性要求

咨询类、安全评估类以及迁改工程，一是应由设计单位提供技术方面的必要性分析；二是取得行政主管部门的许可批复或其他物主的书面工作要求。常见问题有：设计提资时未要求线路迁改，施工过程中出现线路迁移，或原设计迁移 1 条线路，后增加迁移条数，导致迁改费用增加；常规公路、城市路面、常规管道施工等的安全评估缺少必要性依据资料。

10.4.4 合理性要求

1. 补偿数量的合理性

补偿数量根据现场实际计数或测量取得，包括数量、品种、规格、大小等指标。实际补偿数量应结合种植密度等考虑。常见问题有：赔偿数量超过正常数量；损坏路面工程量过多，不符合文明施工要求等。

2. 补偿面积的合理性

根据施工方案结合现场实际情况测量取得，可适当参考设计收资面积，对变电站连带征地面积结合实际地貌结合连带征地比例审查。常见问题有：赔偿面积过大。

3. 补偿物规格大小与单价的合理性

政策处理依据"损失多少补偿多少"的对等补偿原则，根据现场物品实际情况与政府文件规定的补偿单价标准计算取得，或按评估取得。常见问题有：政策处理赔偿清单不详细，赔偿树木未注明规格大小，不能合理支撑所赔偿的单价；零星绿化恢复补偿按评估价补偿，未按属地政府部门规定的迁移补偿，或补偿价格超过政府指导价。

4. 补偿清单与实际补偿青苗或地上附着物相符

常见问题有：变更补偿的青苗名称。实际是甲物，补偿清单转换为乙物；扩大补偿数量或面积；建设用地补偿复垦费；扩大面积补偿复垦费等问题。

10.5 项目法人管理费审查

项目法人管理费是指项目管理机构在项目管理工作中发生的机构开办费及日常管理性费用，其内容包括：

（1）项目管理机构开办费：包括相关手续的申办费，项目管理人员临时办公场所建设、维护、拆除、清理或租赁费用，必要办公家具、生活家具、办公用品和交通工具的购置或租赁费用。

（2）项目管理工作经费：包括工作人员的基本工资、工资性补贴、辅助工资、职工福利费、劳动保护费、社会保险费、住房公积金；采暖及防暑降温费、日常办公费、差旅交通费、技术图书资料费、教育及工会经费；固定资产使用费、工具用具使用费、水电费；工程档案管理费；合同订立与公证费、法律顾问费、咨询费、工程信息化管理费、工程审计费；工程会议费、业务接待费；消防治安费，设备材料的催交、验货费，印花税、房产税、车船税费、车辆保险费；建设项目劳动安全验收评价费、工程竣工交付使用的清理费及验收费等。

项目法人管理费由建设管理单位负责管理、使用及结算，项目法人管理费的项目管理机构开办费、项目管理工作经费，以概算为限控制使用。业务接待费、工程会议费、日常办公费、差旅交通费以项目法人管理费概算总额为基础实行额度控制，全面加强项目法人管理费明细项目管理。涉及多家单位（部门）使用的，由建设管理部门核定各单位（部门）使用额度，纳入预算管理。项目法人管理费审查重点关注以下要求：

（1）审查是否列支与本工程无关的管理费用（包括其他项目的费用，与本项目无关的工程会议费、日常办公费、办公场所装修费、信息系统维护费、业务接待费等）。

（2）审查是否列支批准概算外项目费用。

（3）审查工程审计费用是否按照"谁委托、谁负担"的原则处理。

第11章

结算审查信息化应用指南

11.1 智能结算审查系统介绍

工程智能化结算平台基于"互联网＋电力建设"工程智能化结算应用实施项目成果，充分支撑结算审查以及造价分析业务工作。项目以工程全过程造价管理为主线，创新结算审查监督管理工程模式，打通结算各环节的信息孤岛，采用智能化手段对结算审查和造价分析进行校核、预警，最终实现输变电工程项目管理、设计变更及现场签证管理、分部结算管理、结算审查管理、年度造价分析管理等功能，更加有效地对结算审查和造价分析进行管控，在为管理人员带来便利的同时，为决策人员提供更加充分的参考。

工程智能化结算平台能实现 35kV 及以上输变电工程项目全过程项目管理、变更签证流转、分部结算、结算审查等功能。

系统所涉及的范围包括组织范围、业务范围、功能范围。组织范围包括省公司建设部、建设管理单位、省经研院。业务范围包括实施过程设计变更及现场签证流转、现场结算审查管理工作以及年度造价分析管理等。功能范围包括首页、输变电工程项目管理、设计变更及签证管理、分部结算管理、结算审查管理、年度造价分析管理、造价咨询单位质量考评管理、资料中心、报表管理等功能。工程智能化结算平台架构示意见图 11.1。

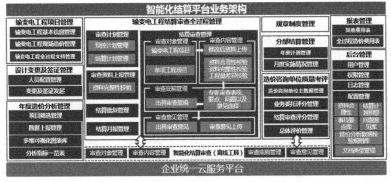

图 11.1　工程智能化结算平台架构示意图

11.2 智能结算审查系统功能简介

11.2.1 首页

首页是针对结算审查进行情况的可视化展现以及当前用户待办事项的展示。其主要用于用户对当年结算审查情况进行概览，以及对所负责的输变电工程相关待办事项进行处理。

文件下拉菜单里面子功能的详细功能如图 11.2 所示。

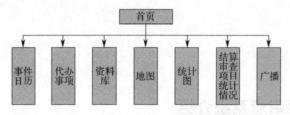

图 11.2　"首页"模块中的详细功能

11.2.2 输变电工程项目管理

用于查看 35kV 及以上输变电工程的基本信息以及管理工程建设全过程的文档资料，包含输变电工程基本信息管理和输变电工程全过程文档管理。

输变电工程项目管理模块的详细功能如图 11.3 所示。

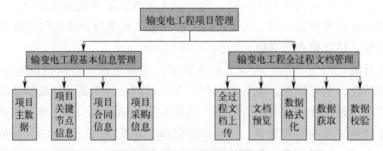

图 11.3　"输变电工程项目管理"模块中的详细功能

11.2.3 设计变更及签证管理

用于支撑输变电工程设计变更和现场签证工作。

变更及签证管理模块的详细功能如图 11.4 所示。

11.2.4 进度款管理

用于输变电工程的合同进度款发起、在线流转、审批，以及农民工工资支付情况相关信息的查看。

进度款管理模块的详细功能如图 11.5 所示。

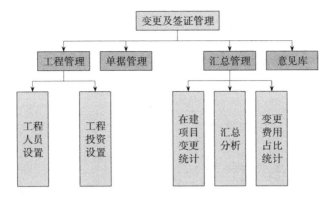

图 11.4　"变更及签证管理"模块中的详细功能

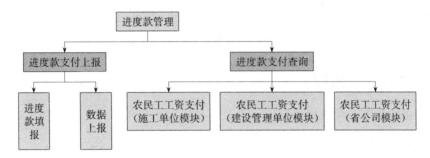

图 11.5　"进度款管理"模块中的详细功能

11.2.5　分部结算管理

以各单项工程下建筑工程、安装工程等工作完成作为节点，开展分部结算计划编制下达任务，通过计划下达完成节点资料上报预警。实现分部结算节点管控，支撑分部结算审查工作开展。

分部结算管理模块的详细功能如图 11.6 所示。

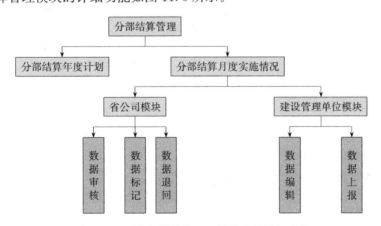

图 11.6　"分部结算管理"模块中的详细功能

11.2.6　结算审查管理

用于支撑输变电工程结算审查工作，包括结算审查计划管理、结算审查资料上报管理、结算审查管理、审查底稿管理、审查意见管理等，以工作流的形式将结算审查工作固化到结算系统。

结算审查管理模块的详细功能如图 11.7 所示。

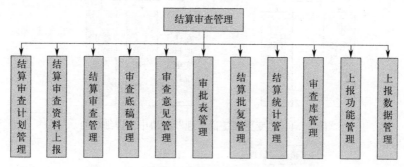

图 11.7　"结算审查管理"模块中的详细功能

11.2.7　造价分析管理

用于支撑输变电工程造价数据、工程量信息等对比分析工作，包含年度造价分析管理、工程量价对比管理等模块。

造价分析管理模块的详细功能如图 11.8 所示。

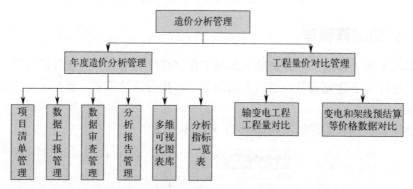

图 11.8　"造价分析管理"模块中的详细功能

11.2.8　智能评价管理

用于支撑输变电工程智能评价分析工作，考评造价咨询单位工作质量。包含造价咨询单位考评、工程质量结算评价等。

智能评价管理模块的详细功能如图 11.9 所示。

11.2.9　资料中心

用于存储上传的项目资料，实现资料统一电子化归档。

资料中心模块的详细功能如图 11.10 所示。

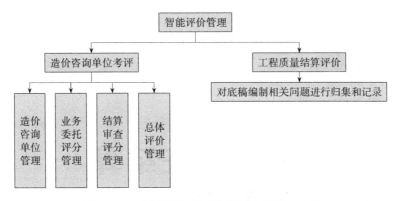

图 11.9　"智能评价管理"模块中的详细功能

图 11.10　"资料中心"模块中的详细功能

11.2.10　报表管理

用于展示系统自动从全过程文档中提取的输变电工程下各单项工程的造价费用及其他费用数据信息，可自定义选择需要展现的费用类型维度并提供报表导出功能。

报表管理模块的详细功能如图 11.11 所示。

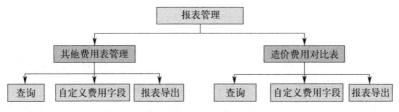

图 11.11　"报表管理"模块中的详细功能

11.2.11　配置管理

配置管理模块的详细功能如图 11.12 所示。

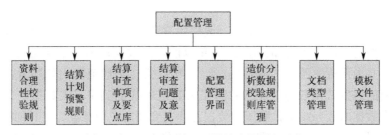

图 11.12　"配置管理"模块中的详细功能

第12章

新型信息技术在结算审查中的应用

12.1　大数据技术在结算审查中的应用

随着互联网的发展，以及计算机存储和计算能力的提升，数据智慧得以开启，并逐步成为重组全球要素资源、重塑全球经济结构及改变全球竞争格局的关键力量。其中，"大数据（Big data）"作为一种概念和思潮由计算领域发端，之后逐渐延伸到科学和商业领域。溯其起源，"大数据"一词，最早出现在美国未来学家阿尔文·托夫勒（Alvin Toffler）于 1980 年出版的《第三次浪潮》（The third wave）中，被称颂为"第三次浪潮的华彩乐章"。随之，各领域学者对其进行深入的诠释与解读。其中，麦肯锡全球研究所给出的定义为：一种规模大到在获取、存储、管理、分析方面大大超出传统数据库软件工具能力范围的数据集合，具有海量的数据规模（Volume）、快速的数据流转（Velocity）、多样的数据类型（Variety）、价值密度低（Value）及真实有效（Veracity）五大特征。相应地，大数据技术是一种能够处理大量、复杂的数据，使其成为具有更强决策力、洞察力和流程优化能力的信息资产技术。该技术涉及数据采集、预处理、存储、计算和分析等多个方面，且具备处理速度快、计算能力强及可视化程度高等特征。在新时代背景下，数据资源及技术俨然已成为推动社会创新和经济增长的基础资源与核心引擎。

作为数据经济时代的关键生产要素，数据的流动如石油的燃烧，其产生动力并带来价值。回顾大数据的发展历程可知：于 2008 年以前，大数据作为一个新名词处于概念或假设传播层面，并未形成实质性产业发展；2010 年以后，全球范围内伴随着互联网的成熟和移动互联网的爆发式增长等，正式宣告了大数据时代的到来，大数据概念开始风靡全球。根据《大数据时代》一文，我国大数据行业主要经历了萌芽期、成长初期、快速发展期及高质量发展期，见图 12.1。目前，大数据已经在我国多个行业领域中得到广泛应用，且成为学术界和产业界共同关注的话题。在此大背景下，电力行业亦不断朝着信息化方向发展，并纷纷拉开了大数据建设与应用的序幕。

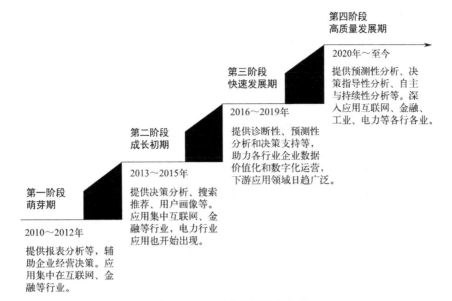

图 12.1　中国大数据行业发展

　　电力行业是一个高度复杂的系统，其涵盖能源生产、输配电、设备运行维护、市场交易等多个领域，并涉及发电厂、变电站、输电线路、配电网、用电户等多个参与方。在此庞大的体系下，大量的实时数据、运行日志、设备监控信息、市场交易记录以及与供需相关的经济、环境等多方面信息呈现井喷式增长，且该类数据在数据量、多样性、速度和价值方面具有大数据特征。毋庸置疑，大数据是电力行业的新型资产，为电力行业带来潜在机遇和广阔的应用前景。基于此，有效地挖掘并释放电力侧各类业务数据的价值，对推动电力行业的高质量发展具有重大的意义。

　　具体到结算审查内容，其在输变电工程中担任着重要地位，对确保输变电工程的经济效益、合规性、质量和技术水平都具有重要意义。而相关实践经验表明，传统的输变电工程结算审查方法存在诸多问题与不足，如数据信息化水平低、数据分散难以有效利用等。这不仅影响审查效率，更会导致审查质量参差不齐、审查结果不准确等。因此，借助大数据技术对输变电工程结算审查进行创新和改进，以提高结算审查的运营效率，确保结算审查的准确性和合规性变得至关重要。相关内容如下：

1. 提高数据信息化水平

　　首先，在输变电工程结算审查中，可通过数字化手段收集和存储输变电项目的各类数据，包括工程量清单、成本数据、合同文件、设计图纸等，确保数据的完整性和准确性。其次，利用信息化技术对收集的数据进行处理和分析，如造价核算、合同条款执行情况分析等，为结算审查提供客观、科学的依据。再次，通过构建信息化平台，实现数据共享和透明度，使相关部门和利益相关者能够共同获取及使用项目数据，增强决策的科学性和透明度。在此过程中，实现部分自动化操作，提高结算审查的效率和精度，减少人为错误和重复劳动，加快审查周期，提升工作效率。最后，基于信息化系统提供的数据分析和报告，能够为管理者提供决策支持，降低项目风险，优化资源配置，确保工程结算审查的合理性和可控性。

2. 优化数据处理机制

在输变电工程结算审查中，结算人员需要对海量的数据信息进行深入分析与系统处理，如工程量清单数据、成本数据、合同文件和条款、设计图纸和技术文档等。针对此类数据，若采用传统的人工或半自动方式进行操作，其不仅效率低下、耗时长，而且容易出现偏差和误差，难以保证处理结果的客观性和公正性。因此，可以利用机器学习、深度学习及自然语言处理等大数据技术对数据信息进行智能化、自动化、精准化的处理，实现对数据信息的高效利用和优化。

3. 拓展数据应用范围

在输变电工程结算审查中，传统的数据处理方式存在局部、孤立的特征，其导致数据资源的浪费和价值受限。相反，大数据技术的应用能够整合、融合各类型、来源、格式的数据信息，并通过可视化、交互式、多维度地展示和应用，将数据信息进行全面利用和拓展。它能有效解决传统处理方式下输变电工程数据孤岛的问题，释放数据潜能，为输变电工程结算审查提供更为全面、深入的数据支持，促进数据价值最大化。

12.2 BIM 技术在结算审查中的应用

建筑信息模型（Building Information Modeling，BIM），是一种数字化建模技术，旨在创建、管理和分享建筑或工程项目的信息。此概念最早由美国学者 Charles Eastman 于 1970 年提出，后于 1999 年进一步完善，且最早于美国推广应用。根据美国国家 BIM 标准（NBIMS），BIM 有三个层次的含义：其一，它是对设施（建设项目）物理和功能特性进行数字表达的工具；其二，作为共享的知识资源，为建设项目全生命周期的决策提供可靠数据支持；其三，在项目不同阶段，各利益相关方通过 BIM 模型插入、提取、更新和修改信息，以支持和反映各自的职责和作业。简述之，BIM 是以建筑工程项目的各项相关信息数据作为基础建立的三维建筑模型。它强大之处在于卓越的信息表达能力，能够将工程信息转化为详尽的数字表达，以此降低复杂工程的理解难度，提升沟通效率。

作为一种全新的技术模型和设计理念，BIM 技术涵盖三维建模、数据关系库、实时施工进度模拟等内容，具备可视化、协调性、模拟性以及优化性等特性。经过长时间的发展，BIM 技术已逐渐成为全球建筑领域的主流。在多数发达国家中，如美国、英国、日本等，该技术已上升至政府推动的水平。而在挪威、德国等国家，BIM 技术的应用率已经超过 50%。以下以英国高铁 2 号线（HS2）为例，进一步阐述其在工程中的实际应用：作为一项复杂的高速铁路工程，英国高铁 2 号线（HS2）连接伦敦至曼彻斯特，面临技术系统多样性和多方利益相关者挑战。其中，BIM 技术作为关键工具，被项目公司积极采用，以此协助整个 HS2 计划的推进。在此过程中，项目参与者（如设计师、承包商和供应商等）通过 BIM 技术有效模拟工程的真实状态，如建筑构件的材料、性能、价格、重量、位置等，提高效率，降低风险，推动项目达到最佳效果。简而言之，BIM 技术为 HS2 提供高效的协同平台，促使项目共同实现按时、按预算的交付目标。

BIM 技术在国内的起步相对较晚。于国家层面而言，"十一五"及"十二五"规划中明确提出大力发展 BIM 技术研究的要求。其中，住房和城乡建设部于 2011 年发布了

《2011—2015 年建筑业信息化发展纲要》，明确要求推广 BIM 技术的应用。在 2013 年，我国发布了《关于推进建筑信息模型应用的指导意见》，确定了 BIM 技术具体的发展推进目标。随后，住房和城乡建设部于 2014 年发布了《住房城乡建设部关于推进建筑业发展和改革的若干意见》，重点推广 BIM 等信息技术在施工和运维全过程的应用。另外，2016 年发布的《2016—2020 年建筑业信息化发展纲要》更是强调 BIM 技术成为"十三五"期间建筑业领域率先推广的五大主要信息技术之一。2018 年，全国两会提出将 BIM 技术课程教学成体系纳入专业教育评估工作。在实践层面，国家亦牵头引导一些资金实力和技术实力较为雄厚的设计单位使用 BIM 技术，如上海中心大厦等多个超高层结构、复旦大学正大体育馆、国家游泳中心等多个大跨度空间结构均实现 BIM 技术的成功应用。诸多案例表明，BIM 技术在工程项目中所带来的经济效益和社会效益得到广泛认可和实践证明。

随着 BIM 技术的不断发展与推广，其在电力行业中也发挥越来越重要的作用。具体到电力工程造价与管理领域，BIM 技术的应用能够提供更全面、准确的数据支持，加速造价管理的进程，降低错误率，促进决策的科学性和精确性，提升工程质量和效率等。与传统工程造价管理相比，BIM 技术的应用对工程造价而言，是一次颠覆性的产业革命。与其他方法相比，该技术具有不可比拟的优势，它能全面提升工程造价行业效率与信息化管理水平，优化管理流程。相关研究表明，BIM 技术的引入能够有效改善传统造价方式的局限性，提高工程造价管理的智能化水平。简述之：其一，提高"算量"效率。借助 BIM 技术，可以生成三维模型并自动提取相关数据。自动化的数量计算和报价减少了人为错误及漏洞的可能性，提高准确性。其二，实现数据共享。以 BIM 模型作为工程造价数据载体，实现了数据在不同部门间的共享，避免了信息孤岛的问题，提高了工作效率，减少了错误和漏洞。其三，提高造价精细化管理。BIM 技术的精细化建模和管理使得项目成本得以精确优化，提升了造价精细化管理水平。

作为输变电工程建设项目管理的核心环节，输变电工程的结算审查在确保项目经济效益、降低风险等方面扮演着至关重要的角色。因此，输变电工程结算审查工作应紧跟时代步伐，加强诸如 BIM 等技术的应用，在提升管理水平、降低错误风险、促进信息共享与协同工作等方面彰显卓越效能，为提升结算审查的质量和效率奠定了坚实的技术基础，有效助力电网建设实现高质量发展。

12.3　人工智能技术在结算审查中的应用

人工智能（Artificial Intelligence，AI）是研究人的智能活动规律，并模拟和实现人类智能行为的一门科学，它涉及经济学、政治学、心理学及社会学等综合性知识。究其概念，人工智能技术是指让计算机系统模拟和执行智能行为的能力，使其能够进行学习、推理、规划、识别、理解语言等类似人类智能的任务。它涉及多种方法和技巧，如机器学习、深度学习、自然语言处理、专家系统等，能够处理和分析大量数据，从中学习模式、预测趋势、做出决策并执行任务。作为一门新兴的学科，人工智能已成为当前新一轮技术革命的核心驱动力，上升为国家战略，备受学术界与实践界的关注。

自 20 世纪 40 年代诞生以来，人工智能技术经历了起伏发展（图 12.2），从神经网络、模糊逻辑到近期的深度学习和图像识别，每个阶段都伴随着重大的技术突破和应用范围的扩展。近年来，人工智能技术受到全球政府和民间组织的广泛关注。令人瞩目的是，深度学习技术的崛起，加速了人工智能在图像识别、语音处理等领域的发展，引发了世界各地对人工智能技术的持续关注与投入，使其成为当今科技创新和社会发展的重要驱动力。

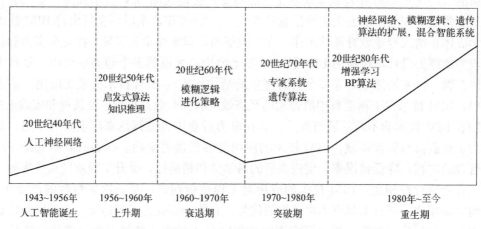

图 12.2　人工智能的发展历程

自诞生以来，人工智能技术就受到电力行业的高度关注。人工神经网络、模糊集理论及启发式搜索等传统人工智能方法在输变电系统中得到广泛应用。例如，在输变电工程造价编制中，造价人员尝试采用粒子群优化的人工神经网络、案例推理等智能方法，通过粒子数目、进化代数和惯性权重的设置，持续优化神经网络的结果参数，获得科学合理的神经网络参数值，建立项目智能估价计算模型，精准预测工程造价。

在输变电工程结算审查中，人工智能技术亦大有可为。例如，将输变电工程结算审查工作与人工智能技术进行结合，建立人工智能输变电工程结算审查系统工作模型。在元数据输入系统中，利用人工智能技术对数据进行重组、分析以及计算，得到相应的模型与方法，从而将得出的模型与方法保存至大数据库中，完成加密处理后，将其导入结算审查系统。在此系统中，结算审查人员可利用自身权限，登录结算审查系统进行数据查询等处理。由此，在人工智能技术的支持下，设计出符合实际应用的输变电工程结算审查系统，不仅能够为相关部门人员的沟通和交流提供更加方便的渠道，其同时具备合同管理、咨询交流以及提供项目签订等多重功能，以便对输变电工程项目进行有效的组织与管理。概述之，人工智能技术在输变电工程结算审查中有着广泛的应用，其优势主要体现在自动化审查流程、模式识别、异常检测和持续学习等方面。

1. 自动化审查流程

一方面，AI 技术可以自动识别异常数据和错误，加速审查流程，实现自动化对账，减少人工干预，从而提高审查效率。另一方面，AI 技术能够实现实时监控结算数据，并发出警报通知结算审查员，帮助其及时发现问题，降低错误率，提高审查的及时性与准确性。

2. 模式识别与异常检测

AI 技术能够利用机器学习与数据分析，识别异常的结算模式或违规行为，帮助审查员发现潜在问题，提高审查效率和速度。例如，它可以识别结算过程中出现的异常操作，如重复结算、数据漏报等。通过这些识别，审查员能够更快速、准确地发现问题，并及时采取必要的纠正措施，以确保输变电工程结算过程的合规性和准确性。这种智能化的识别能力极大地提高了审查员对结算数据的洞察力和分析能力，帮助其在复杂的数据背景下更好地发现潜在问题和异常情况。

3. 智能语义搜索与关联知识可视化

促进输变电工程结算审查业务的规范化、数字化及智能化，对于提升电力企业整体运营质量及效率有着重要意义。因此，以人工智能技术深入嵌入输变电工程结算业务，提升结算审查专业场景模型实用化水平显得十分必要。其中，知识图谱作为一种语义网络，在电力大数据的赋能下已能够解决许多实际问题。基于知识图谱的输变电工程结算审查语义搜索及系统的构建，可以准确地捕捉用户搜索意图，进而解决传统搜索中遇到的关键字语义多样性及语义消歧的难题，通过实体链接实现知识与文档的混合检索。此智能技术依托知识图谱强大的知识推理能力，为输变电工程结算审查员提供精准、快速的知识支持，助力电网高质量发展的内在需求。

4. 持续学习和风险管理

AI 系统通过持续学习与优化，具备自我改进和适应不断变化环境的能力。经过不断积累和分析新数据，AI 能够通过优化算法和模型，提高对异常结算情况的识别准确性。这种持续学习机制有助于持续性地改善审查系统，使其能够更加敏锐地捕捉到新型的违规模式或异常行为，从而降低输变电工程结算过程中的风险。另外，该技术在结算审查中保持合规性和稳定性，减少人为错误或疏漏。这有助于输变电工程降低因结算不当所带来的风险，并确保结算过程的稳定性和可信度。

综上所述，充分利用人工智能技术提升输变电工程结算审查的自动化与智能化水平，对完成输变电工程烦琐的结算审查任务至关重要。AI 系统能够快速准确地处理大量数据，识别异常情况与潜在风险，解放审查员精力，使其专注核心问题。该技术的应用不仅能够提高审查工作的质量与效率，还能持续学习优化，适应复杂环境，为输变电工程结算审查工作提供全面支持，降低错误风险，确保审查过程的准确性、可靠性与合规性。

附录 A

结算审查流程、资料清单与文档格式

A.1 提交结算审查全过程文档资料清单

提交结算审查全过程文档资料清单 表 A.1

序号	文档类型	工程阶段	预审阶段必传资料	结算审查资料提供形式		备注
				纸质版	电子版	
1	项目核准		√		√	
2	可行性研究批复文件				√	
3	可行性研究估算书				√	
4	设计招标公告	可行性研究阶段			√	
5	设计中标单位报价书				√	
6	设计中标通知书				√	
7	设计合同		√	√	√	
8	初步设计评审意见				√	
9	初步设计批复文件	初步设计阶段			√	
10	初步设计概算书		√	√	√	
11	施工图文件审查意见		√		√	
12	施工图预算	施工图预算阶段	√	√	√	
13	预算与概算量差分析				√	
14	施工招标工程量清单		√	√	√	
15	最高投标限价		√		√	
16	最高投标限价审查意见				√	
17	施工招标文件(含公告)	招标投标阶段			√	
18	施工单位中标通知书				√	
19	施工中标单位已标价工程量清单		√	√	√	

序号	文档类型	工程阶段	预审阶段必传资料	结算审查资料提供形式		备注
				纸质版	电子版	
20	施工合同	招标投标阶段	√	√	√	
21	监理招标公告				√	
22	监理中标单位报价书				√	
23	监理中标通知书				√	
24	监理合同		√	√	√	
25	科技合同			√	√	
26	其他合同			√	√	
27	合同清单			√	√	格式详见表A.2
28	开工报告	项目实施阶段		√	√	
29	竣工报告			√	√	
30	延期报审表			√	√	如有
31	招标工程量与施工图工程量的差异分析			√	√	
32	分部结算审核报告			√	√	如有
33	设计变更			√	√	
34	现场签证			√	√	
35	农民工工资支付情况汇总表	工程结算阶段		√	√	格式详见表A.3
36	建设场地征用及清理费用结算资料		√	√	√	
37	甲供物资台账				√	提供《设备供应费用明细表》，格式详见表A.3
38	SAP账目				√	
39	施工结算协调会议纪要			√	√	
40	施工结算审核报告		√	√	√	
41	结算审核单位工程量计算书				√	
42	勘察设计费结算定案表		√	√	√	
43	勘察设计费结算考核评价表			√	√	
44	监理费结算定案表		√	√	√	
45	监理费结算考核评价表			√	√	
46	技经管理风险防范规范性控制表			√	√	
47	输变电工程结算工作进度情况说明		√		√	
48	国网工程竣工结算报告		√		√	
49	结算总结			√	√	
50	结算底稿				√	

序号	文档类型	工程阶段	预审阶段必传资料	结算审查资料提供形式		备注
				纸质版	电子版	
51	结算审查问题整改反馈报告	结算审查收阶段			√	
52	结算审查意见				√	
53	结算审批表				√	
54	移交控制表				√	
55	结算问题典型案例(管理经验)				√	
56	财务竣工决算报告	财务竣工决算阶段			√	

合同清单　　　　　　　　　　　　　　　　　　　表 A.2

编制人：　　　　　　　　　部门（盖章）：　　　　　　　　单位：元

工程名称：

序号	合同名称	合同号	招标情况（是/否）	合同甲方	合同乙方	合同金额	结算金额	备注

备注：统计范围为建设管理单位签订的合同。

设备供应费用明细表　　　　　　　　　表 A. 3

工程名称：××变电站工程　　　　　　　　　　　　　　　　金额单位：元

序号	设备名称型号	供应商名称	数量	单位	单价(不含税)	单价(含税)	合价(不含税)	合价(含税)	本位币	备注
1	主变压器系统									
(1)	……									
2	配电装置									
(1)	……									
3	补偿装置									
(1)	……									
4	控制保护及直流系统									
(1)	……									
5	全所用电系统									
(1)	……									
6	全所电缆及接地									
(1)	……									
7	通信及远动系统									
(1)	……									
	合　计									

部门领导：　　　　　　　　　　核对人：　　　　　　　　　　编制人：

说明：

1. 本表由物资公司、各地市公司物流服务中心负责编制，要求编制人签字，并加盖物流服务中心章；基建部工程管理人员对设备型号及数量进行核对，签字确认，并加盖基建部章。
2. 一个单项工程一张表。

A.2 竣工结算审查工作底稿格式

结算审查工作底稿

索引号：1

工程名称		审查时间	
建设管理单位		审查地点	
审查事项	工程结算资料的完整性		
审查发现的问题			
整改回复			
整改附件	详见附件××		

结算审查工作底稿

索引号：2-1

工程名称		审查时间	
建设管理单位		审查地点	
审查事项	工程建设管理—基本建设程序是否依法合规		
审查要点	审查是否未核准或可行性研究未批复先建设、是否未批复初步设计先建设		
审查发现的问题			
整改回复			
整改附件	详见附件××		

结算审查工作底稿

索引号：2-2

工程名称		审查时间	
建设管理单位		审查地点	
审查事项	工程建设管理—招标管理是否依法合规		
审查要点	1. 审查是否存在未招标先建设、使用总价包干方式招标、招标文件中存在明显不合理条款等情况。 2. 审查施工图及最高投标限价是否未经审查开展招标。 3. 审查最高投标限价、清单及限价审查意见、招标公告发布的限价三者是否一致。 4. 审查最高投标限价、清单及施工投标文件清单项目特征描述、工程量是否一致		
审查发现的问题			
整改回复			
核减金额(万元)		核增金额(万元)	
整改附件	详见附件××		

结算审查工作底稿

工程名称		审查时间	
建设管理单位		审查地点	
审查事项	工程建设管理—合同管理是否依法合规		
审查要点	1. 审查是否在中标通知书下发30天内完成合同签订。 2. 审查合同范围是否与招标投标文件一致，合同金额是否与中标金额一致。 3. 审查合同专用条款中预付款进度款支付方式、风险范围、合同价款调整、结算方式、工期等是否准确、合理		
审查发现的问题			
整改回复			
核减金额(万元)		核增金额(万元)	
整改附件	详见附件××		

结算审查工作底稿

工程名称		审查时间	
建设管理单位		审查地点	
审查事项	工程造价管理—初步设计概算管理		
审查要点	1. 审查批准概算书是否与初步设计批复单项工程项目一致。 2. 审查出版时间是否在初步设计批复后一个月内，是否正式出版并签字盖章。 3. 审查批准概算书金额是否与批复一致。 4. 审查批准概算是否超可行性研究估算。 5. 审查初步设计规模是否与可行性研究一致。 6. 依据结算情况审查概算是否虚列、漏列费用		
审查发现的问题			
整改回复			
核减金额(万元)		核增金额(万元)	
整改附件	详见附件××		

结算审查工作底稿

工程名称		审查时间	
建设管理单位		审查地点	
审查事项	工程造价管理—施工图预算管理		
审查要点	1. 审查施工图预算、清单、控制价是否依据有关法律法规、国家标准、行业标准、公司企业标准和相关规定的要求以及施工图设计文件进行编制。 2. 审查施工图设计方案、规模应与批准的初步设计规模和原则相一致。 3. 审查施工图设计深度是否满足施工图预算编制要求。 4. 审查施工图预算、清单、限价是否依据施工图及现行定额计价依据准确计价。 5. 审查施工图预算、清单、限价中是否计列未提供技术方案的费用。 6. 审查施工图预算、清单、限价是否控制在初步设计批准概算之内。 7. 审查其他费用项目划分、费用构成及计算标准是否严格执行《电网工程建设预算编制与计算规定（2018 年版）》。 8. 审查建设场地征用及清理费是否执行工程所在地政府部门发布的文件标准或者该地区同类工程近期赔偿价计列。 9. 审查是否按照合同价计列勘察设计费、监理费。 10. 审查是否依据经核实的大件运输方案计列大件运输费。 11. 审查施工图预算是否应用综合单价法编制；预算、清单、限价中的项目编码、项目名称、项目特征、计量单位及工程量是否保持一致		
审查发现的问题			
整改回复			
核减金额（万元）		核增金额（万元）	
整改附件	详见附件××		

结算审查工作底稿

工程名称		审查时间	
建设管理单位		审查地点	
审查事项	工程造价管理—工程量管理		
审查要点	1. 审查是否规范现场工程计量。 2. 审查是否加强隐蔽工程量管理。变电站建筑工程应重点确认土石方、桩基、护坡、挡土墙等工程量，变电站安装工程应重点确认接地、特殊调试等工程量，线路工程应重点确认基坑、护壁、临时（永久）围堰、填土垫道等工程量。 3. 审查是否加强物资量管理。涉及甲供、乙供范围变化的物资，审查是否履行审批程序，明确计价原则。是否开展现场剩余物资跟踪、拆旧物资的工程量确认。 4. 审查是否开展施工图工程量复核，设计单位是否对施工图工程量较招标工程量差异进行原因分析。 5. 审查是否开展竣工工程量五方签证，五方单位签字盖章是否齐全		
审查发现的问题			
整改回复			
核减金额（万元）		核增金额（万元）	
整改附件	详见附件××		

结算审查工作底稿

索引号：3-4

工程名称		审查时间	
建设管理单位		审查地点	
审查事项	工程造价管理—设计变更与现场签证管理		
审查要点	1. 审查流程规范性，是否切实履行逐级审批程序，是否按制度规定的工作流程和管理权限审批。 2. 审查变更是否合理、依据是否充分。 3. 审查是否存在虚假设计变更、工程签证。 4. 审查是否升版图替代过程设计变更。 5. 审查是否能准确说明变更的卷册号及图号、工程变更原因、变更内容、变更工程量及费用变化金额，并附变更图纸和变更费用计算书等。 6. 审查重大联系单省公司意见是否落实		
审查发现的问题			
整改回复			
核减金额(万元)		核增金额(万元)	
整改附件	详见附件××		

结算审查工作底稿

索引号：3-5

工程名称		审查时间	
建设管理单位		审查地点	
审查事项	工程造价管理—施工结算管理		
审查要点	1. 审查是否存在虚假结算（工程未竣工已结算完成；审价未完成结算，定案表已签字盖章）。 2. 结算审核原则是否与招标文件及合同条款保持一致。 3. 审查是否存在未完工程，未完工程是否经省公司基建管理部门审查同意，未完工程概算是否超过总概算的5%。 4. 审查结算工程量是否准确，结算审核报告中工程量是否与工程量五方签证一致。 5. 审查人工、材料、机械等调差结算是否按合同约定执行，结算金额是否合理。 6. 审查结算费用中是否存在虚列内容、不合理费用		
审查发现的问题			
整改回复			
核减金额(万元)		核增金额(万元)	
整改附件	详见附件××		

结算审查工作底稿

索引号：3-6

工程名称		审查时间	
建设管理单位		审查地点	
审查事项	工程造价管理—项目建设场地征用及清理费管理		
审查要点	1. 审查建设场地费结算是否完成，建设管理单位是否审核，建设场地征用及清理费资料是否按规定归档。 2. 审查施工单位承担赔付范围是否与施工合同一致。 3. 审查赔（补）偿项目是否符合规定，做到专款专用、独立核算，赔（补）偿项目是否存在施工费用、项目法人管理费、劳务费、工作经费与协调费（工程所在地政府有文件规定的除外）等内容。 4. 审查是否依据赔偿协议、原始票证、赔偿明细清单等资料进行结算，原始凭证收款单位是否与赔偿协议一致。 5. 审查是否存在伪造拆迁补偿合同或收据、虚报房屋树木拆迁数量等手段套取工程资金的现象。 6. 审查支付给个人的赔偿款，身份证明、签字、转账凭证等手续是否完备。 7. 审查是否发生现金支付工程款和白条入账。 8. 审查三跨等安全性评估是否附相应的评估报告。 9. 审查是否根据施工单位承担的政策处理工作范围按照结算金额（除税价）计入建设场地征用及清理项目表		
审查发现的问题			
整改回复			
核减金额(万元)		核增金额(万元)	
整改附件	详见附件××		

结算审查工作底稿

索引号：3-7

工程名称		审查时间	
建设管理单位		审查地点	
审查事项	工程造价管理—项目法人管理费管理		
审查要点	1. 审查是否按规定使用项目法人管理费，有无《电网工程建设预算编制与计算规定（2018年版）》范围外项目费用。 2. 审查是否列支与本工程无关的管理费用（包括其他项目的费用；与本项目无关的工程会议费、日常办公费、办公场所装修费、信息系统维护费、业务接待费等）		
审查发现的问题			
整改回复			
核减金额(万元)		核增金额(万元)	
整改附件	详见附件××		

结算审查工作底稿

工程名称		审查时间	
建设管理单位		审查地点	
审查事项	工程造价管理—农民工工资支付管理		
审查要点	1. 审查施工总承包单位是否按照有关规定开设农民工工资专用账户，专项用于支付该工程建设项目农民工工资。 2. 审查施工总承包合同中，是否明确要求施工总承包单位开设农民工工资专用账户，约定工程款计量周期、工程款进度结算办法，以及工程款（含人工费）拨付周期。 3. 审查建设管理单位是否按月足额支付农民工工资		
审查发现的问题			
整改回复			
核减金额(万元)		核增金额(万元)	
整改附件	详见附件××		

结算审查工作底稿

工程名称		审查时间	
建设管理单位		审查地点	
审查事项	工程造价管理—分部结算管理		
审查要点	1. 审查建设管理单位作为分部结算的责任主体，是否按照分部结算计划开展分部结算工作。 2. 审查分部结算报告是否经业主、设计、监理、施工、造价咨询五方单位签证。 3. 审查分部结算准确性，是否以施工图为依据，对现场实际发生的工程量准确计量；价款调整原则是否符合合同约定。 4. 审查是否存在虚假分部结算。 5. 审查是否存在分部结算界面不清晰、应结未结、未完先结等问题。 6. 审查是否存在工程进度滞后造成分部结算延期情况		
审查发现的问题			
整改回复			
核减金额(万元)		核增金额(万元)	
整改附件	详见附件××		

结算审查工作底稿

工程名称		审查时间	
建设管理单位		审查地点	
审查事项	竣工结算报告		
审查要点	1. 审查竣工结算报告是否执行《输变电工程结算报告编制规定》Q/GDW 11874—2018 是否满足资料提交要求。 2. 审查表格是否按规定填写齐全、数据填写是否准确		
审查发现的问题			
整改回复			
核减金额(万元)		核增金额(万元)	
整改附件	详见附件××		

A.3 结算审查问题整改反馈报告格式

××工程结算审查问题整改反馈报告

一、整改情况

××工程于××年××月××日召开结算审查会议，××年××月××日完成问题整改，现将整改情况汇报如下：

1. 本工程审查中发现的问题项共计××项，其中已完成整改××项，目前暂未完成整改××项。暂未完成问题整改的原因：

（1）……

（2）……

2. 本工程结算审查送审金额××万元（结算审查送审定案表扫描件详见附件1），整改后审定金额××万元（整改后定案表扫描件详见附件2）。金额调整情况汇总如下（表1）：

金额调整情况汇总表　　　　　　　　　　　　　　　　表1

工程名称		
结算审查送审金额(万元)		
整改后审定金额(万元)		
序号	核增金额(万元)	核减金额(万元)	说明
1			根据《结算审查工作底稿》(索引号:××)第××条意见,核减/核增费用××万元(含税)
2			根据《结算审查工作底稿》(索引号:××)第××条意见,核减/核增费用××万元(含税)
3			根据《结算审查工作底稿》(索引号:××)第××条意见,核减/核增费用××万元(含税)
……			

二、问题整改及回复

详见《结算审查工作底稿》（建设管理单位根据《结算审查工作底稿》中提出的问题逐条整改，并将整改回复、核增/核减金额、整改附件补充在《结算审查工作底稿》中的相应位置）。

三、其他事项说明

对暂未完成整改的问题，明确后续整改措施及完成时间。

单位（盖章）

年　　月　　日

附件1　结算审查送审定案表扫描件

附件2　整改后定案表扫描件

A.4 输变电工程竣工结算审查流程图

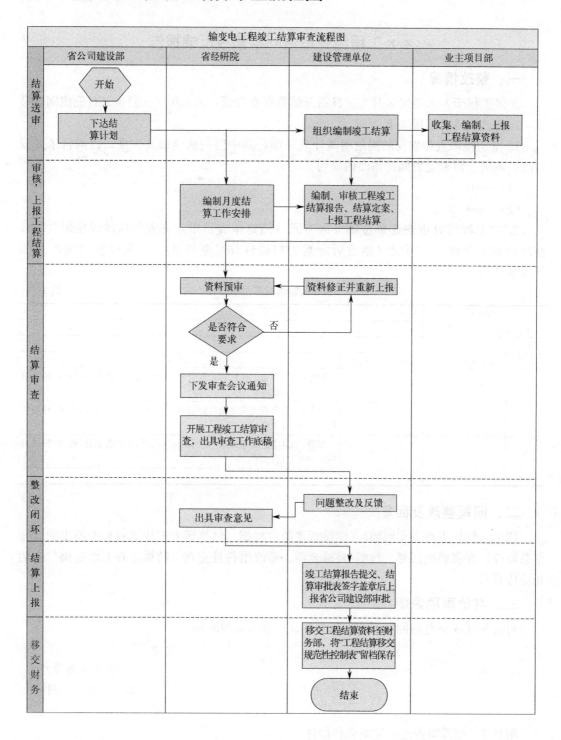

输变电工程竣工结算审查流程图

	省公司建设部	省经研院	建设管理单位	业主项目部
结算送审	开始 → 下达结算计划		组织编制竣工结算	收集、编制、上报工程结算资料
审核，上报工程结算		编制月度结算工作安排	编制、审核工程竣工结算报告、结算定案、上报工程结算	
结算审查		资料预审 ← 资料修正并重新上报 是否符合要求 否→ 是 ↓ 下发审查会议通知 开展工程竣工结算审查，出具审查工作底稿		
整改闭环		出具审查意见 ←	问题整改及反馈	
结算上报			竣工结算报告提交、结算审批表签字盖章后上报省公司建设部审批	
移交财务			移交工程结算资料至财务部，将"工程结算移交规范性控制表"留档保存 结束	

A.5 分部结算审查会议纪要格式

分部结算审查会议纪要

项目简表

工程名称			
建设管理单位		工程类型	
审查时间		审查地点	
分部结算审核报告审定金额(万元)		上报金额(万元)		同口径合同金额(万元)	
分部结算计划完成时间		分部结算实际完成时间		是否提交延期申请	
本次分部结算范围			
延续至下一节点分部分项工程内容			
待定事项			

设计变更共××份,送审金额××万元,审定××万元,其中重大设计变更××份,具体如下:

审批单编号	变更原因	变更内容	审批单金额(万元)		施工单位结算送审金额(万元)	结算审定金额(万元)
			设计	施工		

现场签证共××份,送审金额××万元,审定××万元,其中重大现场签证××份,具体如下:

审批单编号	签证原因	签证内容	审批单金额(万元)	施工单位结算送审金额(万元)	结算审定金额(万元)

分部结算审查意见

说明:

1. 以单项工程为单位,出具《分部结算审查会议纪要》。

2. "项目简表"由建设管理单位在结算审查会议前填写完毕,由省经研院根据送审资料审核,具体填写要求如下:

   (1) "工程名称"按照省公司建设部下发的年度在建输变电工程分部结算计划表中的项目名称填写;

   (2) "工程类型"根据工程实际,填写"变电站建筑工程"/"变电站安装工程"/"四通一平和地基处理等与站址有关的单项工程"/"线路基础工程"/"线路杆塔工程、附件及附件安装工程"/"电缆建筑工程"/"电缆安装及电缆调试工程";

   (3) "分部结算计划完成时间"按照省公司建设部下发的年度在建输变电工程分部结算计划表中的时间节点填写,若提交延期申请的项目,则按延期申请报告中的计划完成时间填写;"分部结算实际完成时间"按照分部结算审核报告出版时间填写;

   (4) "是否提交延期申请"根据工程实际填写:若分部结算实际完成时间早于分部结算计划完成时间,则填写"未延期";若存在延期,且建设管理单位及时提交延期申请(盖章版),则填写"是",否则,则填写"否"。

3. "分部结算审查意见"由省经研院审查人员根据审查情况在审查会议期间填写。

A.6 输变电工程分部结算审查流程图

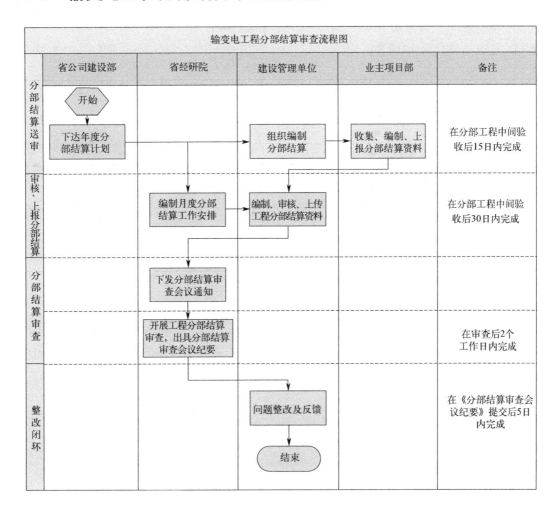

A.7 输变电工程分部结算资料上传清单

序号	文档类型	分部结算审查资料提供形式		备注
		纸质版	电子版	
1	分部工程结算审核报告	√	√	含施工结算审核定案表
2	分部结算协调会会议纪要	√		
3	分部工程竣工工程量五方签证	√	√	
4	新增或调整综合单价表	√	√	
5	与分部结算内容有关的设计变更及现场签证	√		
6	中间验收(或转序)报告	√	√	
7	其他依据资料	√		
8	分部结算审查会议纪要		√	"项目简表"由建设管理单位在结算审查会议前填写完毕

附录 B

造价资料管理表

B.1 造价资料管理表（初步设计阶段）

造价资料管理表（初步设计阶段）　　　　表 B.1

工程名称：

序号	文档类型	业主单位	勘察设计单位	施工单位	监理单位	评审(咨询)单位	资料形成时间
1	设计招标公告	□					开工前
2	设计中标单位报价书		□				开工前
3	设计中标通知书	□					开工前
4	设计合同	□					开工前
5	工程地质勘测报告		□				事项发生时
6	初步设计评审意见	□				△	事项发生时
7	初步设计批复文件	□	△				事项发生时
8	初步设计概算书		□				事项发生时
9	初步设计文件及图纸		□				事项发生时
……							

说明：

1. 此表用于初步设计阶段造价资料管理。

2. 造价成果具体内容根据实际情况据实填写，使用人员可根据需要自行扩展造价成果内容。

3. □位置代表造价资料结算阶段归集责任单位。当同一资料涉及多家责任单位的，□为资料归集单位，△为相关单位。

B.2　造价资料管理表（施工图设计阶段）

造价资料管理表（施工图设计阶段）　　　　　表 B. 2

工程名称：

序号	文档类型	业主单位	勘察设计单位	施工单位	监理单位	评审（咨询）单位	资料形成时间
1	施工图文件审查意见	□				△	事项发生时
2	施工图预算		□				事项发生时
3	审定施工图文件		□				事项发生时
......							

说明：

1. 此表用于施工图设计阶段造价资料管理。

2. 造价成果具体内容根据实际情况据实填写，使用人员可根据需要自行扩展造价成果内容。

3. □位置代表造价资料结算阶段归集责任单位。当同一资料涉及多家责任单位的，□为资料归集单位，△为相关单位。

B.3 造价资料管理表（招标投标阶段）

造价资料管理表（招标投标阶段）　　　　　　　表 B.3

工程名称：

序号	文档类型	业主单位	勘察设计单位	施工单位	监理单位	评审(咨询)单位	资料形成时间
1	施工招标工程量清单	□	△				施工招标前
2	最高投标限价	□	△				施工招标前
3	清单限价审查意见	□				△	施工招标前
4	施工招标文件(含公告)	□					开工前
5	施工单位中标通知书	□					开工前
6	施工中标单位已标价工程量清单			□			开工前
7	施工合同	□					开工前
8	监理招标公告	□					开工前
9	监理中标单位报价书				□		开工前
10	监理中标通知书	□					开工前
11	监理合同	□					开工前
12	其他合同	□					事项发生时
……							

说明：

1. 此表用于招标投标阶段造价资料管理。

2. 造价成果具体内容根据实际情况据实填写，使用人员可根据需要自行扩展造价成果内容。

3. □位置代表造价资料结算阶段归集责任单位。当同一资料涉及多家责任单位的，□为资料归集单位，△为相关单位。

B.4 造价资料管理表（建设实施阶段）

造价资料管理表（建设实施阶段）

表 B.4

工程名称：

序号	文档类型	业主单位	勘察设计单位	施工单位	监理单位	评审（咨询）单位	资料形成时间
1	合同交底记录	□					事项发生时
2	施工图量差分析报告		□				开工后一个月
3	分部结算送审报告及附件			□			事项发生时
4	分部结算审核报告					△	事项发生时
5	设计变更	△	△	□	△		事项发生时
6	现场签证	△		□	△		事项发生时
7	固定资产报废鉴定审批表	△		□			事项发生时
8	废旧物资移交单			□			事项发生时
9	合同考核工作联系单	□			△		事项发生时
10	甲供物资退库单			□			事项发生时
11	监理日志				□		事项发生时
12	施工日志			□			事项发生时
13	地基验槽记录			□			事项发生时
14	打桩记录			□			事项发生时
15	开工前原始地貌测量网格图			□			事项发生时
16	旁站/隐蔽验收告知单			□			事项发生时
17	隐蔽工程签证记录表			□			事项发生时
18	验孔记录			□			事项发生时
19	专项施工方案			□			事项发生时
20	工程量五方签证	□					事项发生时
21	旁站记录表				□		事项发生时
22	影像资料				□		事项发生时
23	设计、施工、监理综合评价表	□					事项发生时
24	设计、施工、监理履约考核联系单	□					事项发生时
25	资金使用计划报审表			□			事项发生时
26	工程预付款报审表			□			事项发生时
27	工程进度款报审表			□			事项发生时
28	农民工工资报审			□			事项发生时
29	安全文明施工设施进场验收单、配置表			□			事项发生时

序号	文档类型	业主单位	勘察设计单位	施工单位	监理单位	评审（咨询）单位	资料形成时间
30	预付款保函			□			事项发生时
31	履约保证金（保函）			□			事项发生时
32	工程付款申请汇总表				□		事项发生时
33	三量核查表	△	△	□	△		事项发生时

说明：

1. 此表用于建设实施阶段造价资料管理。

2. 造价成果具体内容根据实际情况据实填写，使用人员可根据需要自行扩展造价成果内容。

3. □位置代表造价资料结算阶段归集责任单位。当同一资料涉及多家责任单位的，□为资料归集单位，△为相关单位。

B.5 造价资料管理表（工程结算阶段）

造价资料管理表（工程结算阶段） 表 B.5

工程名称：

序号	文档类型	业主单位	勘察设计单位	施工单位	监理单位	评审(咨询)单位	资料形成时间
1	竣工报告			□			事项发生时
2	竣工草图			□	△		事项发生时
3	竣工图		□				事项发生时
4	施工送审结算报告及附件			□			事项发生时
5	监理送审结算报告及附件				□		事项发生时
6	设计送审结算报告及附件		□				事项发生时
7	政策处理赔偿资料			□			事项发生时
8	大件运输措施费用结算资料	□					事项发生时
9	甲供物资台账	□					事项发生时
10	服务类合同计算资料	□					事项发生时
11	公司财务凭证	□					事项发生时
12	设计、施工、监理结算审核报告	□				△	事项发生时
13	造价咨询单位工程量计算书	□				△	事项发生时
14	结算审批表	□				△	事项发生时
15	移交控制表	□					事项发生时
16	技经管理风险防范规范性控制表	□					事项发生时
……							

说明：

1. 此表用于工程结算阶段造价资料管理。

2. 造价成果具体内容根据实际情况据实填写，使用人员可根据需要自行扩展造价成果内容。

3. □位置代表造价资料结算阶段归集责任单位。当同一资料涉及多家责任单位的，□为资料归集单位，△为相关单位。